Dr. Marco von Münchhausen

Ingo P. Püschel

Zeit gewinnen

mit dem inneren Schweinehund

Mit Illustrationen von Michael Wirth

INHALT

KAPITEL 4

MEHR ZEIT IM ALLTAG 108

AUF EINEN BLICK

»Uli, seit wann bist Du pünktlich?«

Wie lassen sich Menschen am besten dazu verführen, Projekte aufzuschieben, Zeit zu verbummeln und ziellos vor sich hin zu wursteln? Das diskutieren die Schweinehunde auf ihrer Großen Zeitverschwendungskonferenz.

»Zeit verschwenden, Zusagen brechen, Ziele verfehlen« – unter diesem Motto steht dieses Jahr die Große Zeitverschwendungskonferenz. Tausende von Schweinehunden sind gekommen, um sich über die neuesten Methoden der Zeitverschwendung auszutauschen. Auf dem Programm stehen Themen wie »Nutzlose Checklisten – leicht gemacht«, »Doppelte Kalenderführung – perfektes Chaos« und »Aufschieberitis – so wird sie chronisch«. Vor dem großen Vortragssaal herrscht besonders viel Andrang, denn hier wird Uli reden, ein ausgewiesener Experte für Desorganisation. Voller Vorfreude auf den bekanntesten aller Schweinhunde drängen die anderen grunzend in den Saal. Da, endlich! Die Scheinwerfer richten sich auf das Rednerpult – Uli tritt auf. Im Raum wird es still, doch die Schweinehunde trauen ihren Augen nicht: Was ist mit Uli passiert, dem besten Zeitverschwender aller Zeiten? Was ist aus dem erfolgreichsten Projekt-Verhinderer weit und breit geworden? Wo ist der gute, alte Experte für unhaltbare Terminzusagen? Er wirkt gebürstet, geschniegelt und gestriegelt und kein bisschen abgehetzt. Eine blitzende Armbanduhr prangt über seiner linken Pfote, und stolz präsentiert er einen großen Terminplaner!
»Meine sehr verehrten Kollegen Schweinehunde«, beginnt Uli seine Rede. »Jahrhundertelang haben wir unsere Zeitverschwendungskünste verfeinert. Im Handumdrehen können wir heute selbst ausgeklügelte Projektpläne torpedieren. Wir haben die Aufschieberitis so erfolgreich verbreitet, dass es inzwischen nicht nur Bücher und Seminare zu diesem Thema gibt – nein, viel mehr als das! Institutionen wie Bibliotheken oder Finanzämter rechnen

sogar schon damit, dass unsere Herrchen und Frauchen die gesetzten Fristen überziehen.« Die Schweinehunde im Publikum grinsen zufrieden und nicken zustimmend, doch da schlägt Uli plötzlich einen ganz anderen Ton an: »Freunde, so geht es nicht weiter! Habt Ihr schon einmal darüber nachgedacht, wie viel Stress und Hektik Ihr Euren Menschen – und Euch selbst! – zumutet, wenn sie in Nacht- und-Nebel-Aktionen Berichte fertig schreiben oder Bauprojekte abschließen müssen? Habt Ihr einmal ausgerechnet, was es kostet, in letz- ter Sekunde überteuertes Material zu beschaf- fen, Eilboten zu schicken oder Überstunden zu zahlen? Haben wir nicht alle viel mehr davon, wenn wir es uns zusammen mit unseren Herr- chen oder Frauchen gut gehen lassen, statt mit schlechtem Gewissen Zeit und Geld zu ver- plempern? Ich sage Euch: Ich habe genau das zusammen mit meinem Herrchen ausprobiert – und es funktioniert prächtig.«

»Und wo bleibt das tierische Vergnügen, das unsere Menschen empfinden, wenn sie drin- gend unwichtige Kleinigkeiten erledigen?«, ruft

Meine Einsicht:
»Gut organisiert ... «

ein struppiger Schweinehund. »Wo bleibt die Lust, stundenlang Schwätzchen zu halten? Und wo bleibt das ›saugute‹ Gefühl, andere warten zu lassen, um sich selbst wichtig zu fühlen?«

»Niemand braucht seine wahre Natur als Schweinehund zu verleugnen«, beschwichtigt Uli. »Wir sind und bleiben Profis beim Thema Zeitverschwendung. Doch die Erfahrung hat mir gezeigt: Wenn wir die Pflichten schnell hinter uns bringen und dann die Pfoten ge- mütlich hochlegen, haben wir viel mehr da- von, als wenn wir während der Arbeitszeit faulenzen und unsere wertvolle Freizeit für Überstunden opfern.«

»... ist halb gewonnen.«

»Klingt zwar logisch, ist aber viel zu müh- sam«, quiekt ein Schweinehund dazwischen. »Zu viel Anstrengung müssen wir auf jeden Fall vermeiden«, greift Uli den Kommentar auf. »Wir sind beim Zeitmanagement nur dabei, wenn es uns leichtfällt und das Leben tatsächlich schöner macht. Passt also genau auf Eure Menschen auf: Wenn sie sich mit langen To-do-Listen und zu engen Termin- plänen unter Druck setzen, müsst Ihr die Not- bremse ziehen! Und wie das geht, wisst Ihr ja!« Da weicht die gespannte Stille im Saal und fröhliches Grunzen macht sich breit. Dann hören sich die Schweinehunde in Ruhe an, wie Uli und sein Mensch ihre Zeit neu orga- nisieren, welche Freiräume sie dabei geschaffen und wie sie sich in der gewonnenen Zeit amü- siert haben. Seine wichtigsten Erkenntnisse finden Sie in diesem Buch!

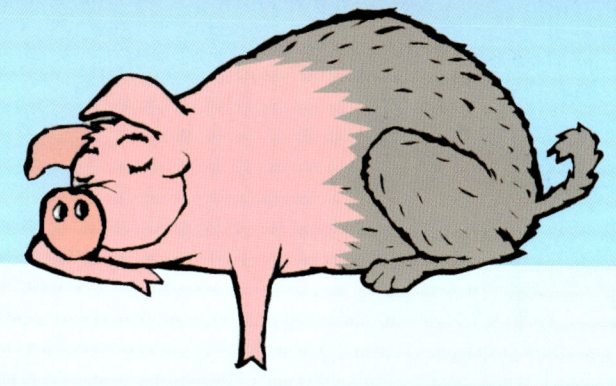

Mehr Zeit
für mich

Wird Ihre To-do-Liste immer länger,
obwohl Sie pausenlos arbeiten? Sehen
Sie vor lauter Terminen kein Land
mehr? Oder können Sie sich zu nichts
aufraffen, obwohl Sie jede Menge
zu tun hätten? Und wann hatten Sie
eigentlich das letzte Mal die Muße,
freie Zeit bewusst zu genießen?
Hier erfahren Sie, wie Schweinehund
Uli Ihnen die Zeit stiehlt und warum.

Wo die Zeiträuber lauern

Immer unter Strom, und doch kommen Sie im Leben nicht wirklich weiter? Keine Sorge – Energie haben Sie genug, sonst könnten Sie Ihr Tempo gar nicht halten. Aber versuchen Sie mal etwas Neues: Schalten Sie einen Gang runter. Sie werden sehen, das Chaos wächst Ihnen nicht über den Kopf, sondern wird übersichtlich. Plötzlich sehen Sie, wo Ihre Zeiträuber lauern. Und Sie können dabei auch Ihre Lebensziele besser erkennen.

Es klingt paradox: Wenn Sie sagen »Ich bin total im Stress!«, ist Ihr Gesprächspartner beruhigt. Keine Zeit zu haben ist heute offenbar ganz normal. Mehr noch als das – es scheint sogar ein ausgesprochen gutes Zeichen zu sein. Wenn Sie im Job oder zu Hause sehr eingespannt sind, dann werden Sie ganz offensichtlich dringend gebraucht – Sie sind wichtig, Sie haben Erfolg.

Doch Hand aufs Herz! Haben Sie nicht auch oft genug von der ganzen Hektik? Wünschen Sie sich nicht manchmal einen Tag, an dem kein Eintrag in Ihrem Terminkalender steht? Hätten Sie nicht mal wieder Lust, ganze Nachmittage völlig ohne Zeitdruck zu verbummeln? »Das kann ich mir nicht erlauben«, rufen Sie sich sofort zur Räson. Doch Ihr innerer Schweinehund grinst bereits frech. Denn er weiß ganz genau, wie er Ihre eng gesteckten Terminpläne durcheinander und alle Ihre schönen To-do-Listen in Vergessenheit bringen kann.

Schluss mit der Hektik!

Jeden Tag führen Sie einen mehr oder weniger erfolglosen Kampf gegen die Uhr: Sie fahren morgens früher ins Büro, um endlich Ihre Arbeitsberge abzutragen. Doch dann geraten Sie in einen Stau oder lassen sich zu einem Plausch mit der Kollegin hinreißen – und schon ist Ihr Extra-Zeitbudget zusammengeschmolzen. Sie arbeiten den ganzen Tag mit Hochdruck – doch je mehr Sie erledigen, desto mehr neue Aufgaben landen bei Ihnen. Abends nehmen Sie sich sogar Arbeit mit nach Hause, erliegen dann aber der Anziehungskraft Ihres Fernsehers. Wenn Sie dann – häufig viel zu spät – endlich zu Bett gehen, fühlen Sie sich total gestresst.

Im Familienalltag sieht es nicht besser aus: Während Sie versuchen, die notwendigen Arbeiten im Haushalt zu erledigen, ruft eine Bekannte an, um sich auszuweinen, oder der Nachbar muss sich dringend etwas ausborgen. Sie springen zu spät ins Auto, um Ihre Kinder von der Schule abzuholen, brausen zu schnell durch den Ort und werden von der Polizei angehalten. Und weil Sie in der ganzen Hektik nicht dazugekommen sind, ein Mittagessen vorzubereiten, gibt es mal wieder Fast Food aus der Tiefkühltruhe.

Ob im Alltag oder im Beruf – Sie fühlen sich wie die Feuerwehr im australischen Busch. Sobald Sie einen Brand gelöscht haben, lodert woanders ein neuer auf. Sie rasen hierhin und dorthin – und machen dabei so viel Wind, dass Sie selbst immer wieder neue Feuer entfachen. Doch wozu ist diese ganze Hektik gut? Ganz einfach: Solange Sie sich beschäftigen, können Sie die wirklich wichtigen Dinge Ihres

Kein Termin ohne mich!

Ich bin Ihr innerer Schweinehund. Ihre Vorlieben, Stärken und Schwächen kenne ich besser als Sie selbst. Täglich sorge ich dafür, dass Sie sich nicht überanstrengen. Wenn Sie sich mal wieder zu viel vorgenommen haben, bleibt mir nichts anderes übrig, als Ihnen den einen oder anderen Termin aus dem Gedächtnis zu löschen. Und wenn Sie etwas Unangenehmes zu erledigen haben, helfe ich Ihnen gerne dabei, es auf die lange Bank zu schieben. Doch bisher ist es mir nicht gelungen, Freundschaft mit Ihnen zu schließen. Sie versuchen sogar immer wieder, mich loszuwerden! Doch das funktioniert nicht, so sehr Sie sich auch anstrengen. Machen Sie sich das Leben doch leicht und planen Sie Ihre Zeit zusammen mit mir. Gegen ein gutes Zeitmanagement habe ich nämlich gar nichts – vorausgesetzt, es macht Spaß und schafft Freiräume.

Lebens nicht anpacken. Und genau das ist das Ziel Ihres inneren Schweinehundes!

Ein Haus bauen, den nächsten Karriereschritt angehen oder einen bahnbrechenden Forschungserfolg erringen? Manche Aufgaben und Ziele sind Ihrem Schweinehund viel zu anstrengend. Außerdem erscheint ihm das Frustpotenzial zu hoch, dass ein solches Vorhaben doch nicht klappt. Lieber versorgt Ihr Schweinehund Sie mit schnellen Glücksgefühlen! Also schaffen Sie täglich viel vom Tisch, auch wenn es nur Kleinkram ist. Und nach dem Motto »Jeden Tag eine gute Tat« hören Sie sich die Sorgen der Nachbarin an oder helfen der Kollegin mit ihrem Computerproblem. Um Missverständnissen gleich vorzubeugen: Es geht nicht darum, dass Sie nie wieder die Ablage an Ihrem Arbeitsplatz abarbeiten oder sich grundsätzlich nur noch um Ihre eigenen Belange kümmern sollen. Doch werden Sie sich darüber klar: Alles, was Sie für andere tun, kostet Ihre Zeit! Schärfen Sie Ihren Blick für die Zeiträuber, die an jeder Ecke lauern. Und werden Sie wachsam für die kleinen und großen Sabotageakte, mit denen Ihr innerer Schweinehund Ihre Zeitpläne durcheinanderbringt.

Ein vernünftiges Zeitmanagement holt Sie sowohl im Job als auch im Alltag aus dem Hamsterrad der Hektik heraus und macht Sie frei für die wirklich wichtigen Dinge des Lebens. Und das kann ganz einfach gelingen, wenn Sie eine einzige Anregung beherzigen:

Legen Sie Ihren Schweinehund nicht an die Kette, sondern planen Sie zusammen mit ihm. Lernen Sie, seine – im Grunde positiven – Motive zu verstehen und für Ihre Planung zu nutzen, sodass Sie Ihr Ziel schließlich gemeinsam erreichen: mehr Zeit für sich.

Ihr innerer Widersacher

Wenn Sie sich auf die Suche nach Ihren schlimmsten Zeiträubern begeben, dann denken Sie möglicherweise zuerst an lange Schlangen an der Supermarktkasse, an Ihre äußerst mitteilungsfreudige Kollegin, die nie ein Ende findet, oder auch daran, dass Ihr Computer immer wieder stundenlang streikt. Das alles ist ärgerlich, keine Frage! Tatsächlich aber lauert der schlimmste Zeiträuber in Ihnen selbst: Er stiehlt Ihnen hier ein paar Minuten, wenn er Sie zwischendurch mal eben kurz einen Blick in Ihren Lieblings-Online-Shop werfen lässt, und da eine Stunde, indem er Ihnen einredet, Sie müssten als vorbildliche Mutter einen Kuchen für den Kindergartenbasar backen. Auf welche Weise Ihr Schweinehund Ihnen die Zeit klaut, hängt von seinem Naturell ab: Ist er rebellisch veranlagt oder eher ängstlich? Hilft er gerne oder genießt er das Gefühl, wenn andere ihm zu Diensten sind? Werfen Sie mal einen kritischen Blick auf Ihren inneren Widersacher! Mit welchen Marotten macht er Ihnen das Leben schwer?

ARBEITSSTÖRUNGEN UND -BLOCKADEN

Die meisten kennen es, kaum einer redet darüber: Manchmal geht die Arbeit gar nicht voran. Sie finden keinen Anfang, drücken sich vor Entscheidungen oder haben einfach keine Lust. Leichte Anflüge von Arbeitsstörungen verschwinden meist von selbst, bei schweren Blockaden aber ist professionelle Hilfe notwendig.

Leichte Arbeitsblockaden

Sie können keinen klaren Gedanken fassen, freuen sich über jede Ablenkung und bringen kein zufriedenstellendes Ergebnis zustande? Dann könnte es sein, dass Sie einfach unausgeschlafen sind. Vielleicht kreisen Ihre Gedanken aber auch um private Sorgen oder Sie sind bis über beide Ohren verliebt? Möglicherweise sind die anstehenden Aufgaben auch besonders langweilig oder sehr kompliziert. Doch egal, was der Grund dafür ist: Solche kleinen Arbeitsstörungen sind ganz normal und gehen meist schnell wieder vorbei.

Mittelschwere Blockaden

Den Überblick über Ihre Arbeit haben Sie verloren und fühlen sich ziemlich überfordert? Das könnte eine – im Grunde gesunde – Reaktion auf eine zu hohe Arbeitsbelastung sein. Vielleicht müssen Sie eine Kollegin vertreten oder Sie wurden mit einem neuen Projekt betraut, das Ihnen eine Nummer zu groß erscheint. Dann hilft meist schon ein Gespräch mit dem Chef oder den Kollegen darüber, wie die Arbeit umstrukturiert werden kann. Außerdem schadet es nicht, bei der Gelegenheit den eigenen Arbeitsstil zu überprüfen und gegebenenfalls neue Methoden auszuprobieren.

Schwere Arbeitsblockaden

Wenn Ihre Arbeit für Sie nur noch Quälerei bedeutet, wenn Sie gar nichts mehr auf die Reihe kriegen und am liebsten alles hinschmeißen würden, ist das Alarmstufe Rot. Das Typische und Tückische an schweren Blockaden ist, dass es dem Betreffenden nicht möglich ist, sie selbst abzustellen. Nicht einmal eine drohende Versetzung oder Kündigung bringen ihn zu seiner gewohnten Form zurück. In so einem Fall muss ein Profi her – ein Psychotherapeut oder Arbeitspsychologe. Ein guter erster Schritt ist hier das vertrauliche Gespräch mit einem Betriebsarzt oder -psychologen, falls möglich. Das gilt auch, wenn nicht Sie selbst betroffen sind, sondern ein Mitarbeiter oder Kollege. Also: Keine falsche Scham! Es geht nicht darum, jemanden anzuschwärzen, sondern einem Menschen Hilfe anzubieten.

1. Perfektionismus

»Alles, was Du tust, muss absolut perfekt sein!« Ist das der Lieblingssatz Ihres Schweinehundes? Dann kennt Ihr innerer Widersacher kein Pardon! Egal, worum es sich handelt – seinem kritischen Blick hält kaum etwas stand. Er bringt Sie dazu, selbst Kleinigkeiten immer und immer wieder zu überarbeiten. Und hält Sie gleichzeitig davon ab, Aufgaben zu delegieren: »Mach es lieber selbst, nur dann wird es perfekt«, ist sein liebstes Argument. Kein Wunder, dass Sie Ihre Projekte oft verspätet zu Ende bringen oder immer wieder Überstunden machen. »Was noch nicht fertig ist, kann immerhin noch perfekt werden«, tröstet Sie dann Ihr borstiger Begleiter. Mit seiner Taktik verschafft er Ihnen sogar ein wenig Erholung: Solange Sie Ihr Projekt nicht vom Tisch bekommen, können Sie schließlich auch kein neues in Angriff nehmen, das – nach Überzeugung des inneren Schweinehundes – wiederum Perfektion von Ihnen verlangt.

2. Rebellion

»Alle wollen etwas von Dir, aber das machst Du nicht mit!« Wenn Ihr innerer Widersacher so argumentiert, dann spielt er für Sie Robin Hood: Er sinnt auf Rache, sobald er das Gefühl hat, dass Sie ungerecht behandelt werden. Genau genommen ist er so empfindlich, dass er gelegentlich auch dann rebelliert, wenn gar kein Angriff stattgefunden hat. Seine bevorzugten Methoden sind das Aufschieben und Aussitzen von Aufgaben. Jegliche Autorität ist ihm ein Gräuel. Dem wirkt er entgegen, indem er Sie zu demonstrativem Nichtstun verleitet. Leider können Sie die Zeit, die Sie gemeinsam mit Ihrem Schweinehund verbummeln, oft gar nicht recht genießen. Denn im Grunde seines Wesens ist Ihr innerer Schweinehund nämlich gar kein freier Rebell – im Gegenteil: Auch er fühlt sich unbewusst abhängig von den Autoritäten, gegen die er aufbegehrt.

3. Märtyrertum

Vielleicht ist Ihr ständiger Begleiter auch in die Rolle eines Märtyrers geschlüpft? Dann bringt er Sie dazu, dass Sie sich mit schwerer Erkältung ins Büro schleppen, um Ihre Dienstbeflissenheit und Ihren Fleiß zu demonstrieren. Oder er lässt Sie weit nach Mitternacht laut scheppernd die Küche aufräumen, damit auch die ganze Familie etwas von Ihrem Einsatz hat. »Alle sollen sehen, wie sehr Du Dich für sie aufreibst« – das ist seine Devise. Dass seine Märtyrer-Inszenierungen Ihnen Zeit und Kraft rauben, nimmt er billigend in Kauf. Und dass Sie anderen damit auf die Nerven gehen, fällt ihm dabei meist überhaupt nicht auf.

4. Knechtschaft

»Du bist das kleinste Rad im Getriebe, Du musst alles gleich erledigen und darfst keine Pause machen!« Sind das die Parolen, mit denen Ihr innerer Schweinehund Sie antreibt? Dann haben Sie beide – Sie und Ihr Widersacher – möglicherweise eine harte Kindheit hinter sich. Und haben erfahren, dass nur Ihre Leistung etwas wert ist, nicht aber Sie selbst? Vielleicht wurden Sie auch für jeden kleinsten Fehler hart bestraft oder sogar verhöhnt, sobald Sie eigene Ideen verfolgten? Ihr Schweinehund versucht nur, solch unangenehme Gefühle von Ihnen fernzuhalten – deshalb tritt er als innerer Sklaventreiber auf und besteht auf unbedingtem Gehorsam. Kein Wunder, dass es Ihnen schwerfällt, Grenzen zu setzen und auch einmal Nein zu sagen.

5. Opferhaltung

»Du würdest ja gerne, doch alle sind gegen Dich!« Kommt Ihnen dieser Spruch bekannt vor? Dann hat sich Ihr Schweinehund auf die Rolle des ewigen Opfers spezialisiert. Wenn Sie zu spät kommen, flüstert er: »Schuld war der Stau!« Schließen Sie Ihr Projekt nicht rechtzeitig ab, säuselt er: »Computerprobleme!« Hetzen Sie ziellos durchs Leben, tröstet er: »Warte, bis die Kinder aus dem Haus sind.« Der Zweck ist klar: Ihr innerer Widersacher möchte Ihnen jegliche Verantwortung für Ihr Tun vom Hals halten.

IST IHR SCHWEINEHUND EIN ZEITRÄUBER?

Checkliste

Gehen Sie die folgenden Aussagen in Ruhe durch und kreuzen Sie alle an, die auf Sie zutreffen. Anhand der rechts angegebenen Ziffern können Sie erkennen, in welche Rolle(n) Ihr innerer Schweinehund am liebsten schlüpft.

- Bis ich jemandem eine Aufgabe erklärt habe, um sie zu delegieren, habe ich sie längst selbst erledigt. **1**
- Ich denke oft darüber nach, ob irgendjemand etwas gegen mich hat. **8**
- Besonders anstrengende Arbeiten erledige ich am liebsten, wenn Publikum dabei ist. **3**
- Ich stehe immer an der Supermarktkasse, an der es am längsten dauert. **5**
- Wenn jemand mit einer besonders dringenden Angelegenheit zu mir kommt, lasse ich ihn aus Prinzip erst einmal warten. **2**
- Im Job und im Haushalt fühle ich mich manchmal wie ferngesteuert. **4**
- Ich ziehe jeden Karren aus dem Dreck – sag mir nur, wo er steht. **7**
- Ich fühle mich von meinem Job oft völlig überfordert – meist findet sich aber jemand, der mir hilft. **6**

13

6. Hilflosigkeit

Jammert Ihr Schweinehund ständig, dass Sie Aufgaben nicht schaffen und Hilfe brauchen? Dann haben Sie es mit einem besonders heimtückischen Zeitverschwender zu tun. Er gibt Ihnen das Gefühl, unfähig zu sein, damit andere sich um Sie kümmern. Dabei verwechselt der Schweinehund die Hilfsaktionen anderer allerdings mit echter Zuneigung.

7. Rettersyndrom

Wo Sie auch hinkommen – Ihr innerer Schweinehund wittert sofort, wer Hilfe benötigt: Ob eine alte Dame Unterstützung braucht oder jemand etwas verloren hat – Ihr Schweinehund treibt Sie an, anderen immer und überall zu helfen, damit Sie sich gut fühlen. Leider kostet Sie das sehr viel Zeit und Sie verlieren dabei Ihre eigenen Projekte aus den Augen.

8. Grübelei

Vielleicht ist Ihr innerer Schweinehund aber auch ein Hobby-Philosoph oder -Psychologe? Verleitet er Sie dazu, sich bestimmte Situationen immer wieder durch den Kopf gehen zu lassen, um deren tieferen Sinn zu ergründen? Doch obwohl Sie sich so viele Gedanken machen, wächst weder Ihre Erkenntnis noch kommen Sie zu irgendeinem Ergebnis. Aber Sie haben das Gefühl, mit etwas Wichtigem beschäftigt zu sein, und leider fehlt Ihnen deshalb die Zeit, tatsächlich zu handeln.

Die lieben Mitmenschen

Haben Sie einige Aspekte Ihres eigenen inneren Schweinehundes wiedererkannt? Prima, doch die Bestandsaufnahme geht noch weiter! Denn Sie haben es täglich nicht nur mit Ihrem eigenen Zeiträuber, sondern auch mit denen Ihrer Mitmenschen zu tun! Einigen gehen Sie einfach aus dem Weg, bei anderen aber können – und wollen – Sie auf den Kontakt nicht verzichten: Denken Sie nur an Ihre Kollegen, Ihre Kunden und vor allem an Ihre Kinder. Hier müssen Sie konsequent Grenzen setzen! Sagen Sie nicht immer sofort Ja, nur weil es möglich ist. Fragen Sie sich immer auch, ob Ihr Einsatz tatsächlich nötig ist. Grundsätzlich lassen sich die Zeiträuber in folgende Kategorien einteilen:

Angeber und Prediger

Angeber spielen sich gerne auf und nutzen in einem Gespräch jedes noch so kleine Stichwort, um eine ihrer Heldentaten zum Besten zu geben. Mit allen Details, egal ob es jemanden interessiert oder nicht. Und falls sie keine eigene Großtat im Repertoire haben, erzählen sie gerne von den Verdiensten ihrer Freunde und Bekannten. Ähnlich verhalten sich sogenannte Prediger: Sie können sich kaum bremsen, andere an ihren Erkenntnissen teilhaben zu lassen. Egal, um welches Thema es sich handelt – sie haben immer Recht, und genau das möchten sie ihren Zuhörern vermitteln.

Leidende und Unglücksraben

Krank sein – das ist der Lebensinhalt des Leidenden. Er jammert gern ausführlich über seine Krankheiten. Und falls sie nicht spektakulär genug sind, trumpft er mit den Leidensgeschichten anderer auf. Der Unglücksrabe dagegen hat das nicht nötig – gegen ihn hat sich ohnehin die ganze Welt verschworen, und all dieses Unglück schildert er zu jeder sich bietenden Gelegenheit und in aller Ausführlichkeit. Und das erfordert etwas Zeit – am liebsten beansprucht er die Zeit derjenigen, die ungerechterweise mehr Glück im Leben haben und jetzt wenigstens zuhören sollen.

Abwälzer und Hilflose

»Könntest Du mal eben gerade …? Du bist meine letzte Rettung, Du kannst das doch so gut …!« An diesen Sätzen können Sie sogenannte Abwälzer erkennen, die darauf spezialisiert sind, anderen ihre Aufgaben aufzuhalsen und sie für ihre Ziele einzuspannen. Hilflose dagegen betteln mit Bemerkungen wie »Ich verstehe das nicht …!« oder »Das gelingt mir einfach nicht …!« um Ihren Beistand – meist noch mit einem unschuldigen Kinderblick, als Tarnung sozusagen.

Miesepeter und Besserwisser

Solche Menschen schaffen es, mit ein paar gezielten Bemerkungen Ihre Projekte madig zu machen oder Ihnen die Laune zu verderben. Sätze wie »So wie Sie das machen, kann

Bitte nicht zu streng!

Nicht jeder, der mit Ihnen ein kleines Schwätzchen halten will, ist ein hinterhältiger Zeiträuber. Es gibt in Ihrem Umfeld sicher auch einige Menschen, die Sie sehr sympathisch finden und mit denen Sie sich gerne unterhalten. Verzichten Sie nicht grundsätzlich auf einen kleinen Plausch im Kollegenkreis oder in der Nachbarschaft – das wäre viel zu schade! Denn diese kleinen Begegnungen können eine nette Abwechslung oder sogar eine Bereicherung sein. Vielleicht bekommen Sie einen guten Rat oder Sie lachen einfach mal herzlich. Das tut gut! Deshalb: Lassen Sie zwischendurch den Termindruck mal Termindruck sein und gönnen Sie sich – und mir – eine kleine Auszeit. Und ich halte dann auch viel besser bis zum Feierabend durch. Versprochen!

das gar nicht funktionieren!« fahren Ihre Motivation binnen Sekunden auf den Nullpunkt herunter und lassen bei Ihnen vielleicht sogar Zweifel aufkommen! Und dann können Sie sehen, wie Sie Ihre Motivation und Ihren Mut zurückgewinnen – das raubt Ihnen unnötig Zeit!

Ihre Gewohnheiten

Wie viel Zeit Sie tatsächlich haben, hängt
natürlich nicht nur vom wilden Treiben
der Schweinehunde ab, sondern auch davon,
wie Sie Ihr Leben eingerichtet haben. Viele
Gewohnheiten haben Sie schon in Ihrer
Kindheit ausgebildet, indem Sie sie von Ihren
Eltern, Geschwistern, Lehrern oder Freunden
abgeschaut haben. Im Laufe Ihres Lebens
haben diese Gewohnheiten ein Eigenleben
entwickelt. Vieles geht so automatisch, dass
es Ihnen gar nicht mehr auffällt – doch gerade hier versteckt sich so mancher Zeitfresser!

Unordnung kostet Zeit ...

Sieht es in Ihrer Wohnung ein wenig aus wie
in Manhattan – weil Sie überall Türme er-
richtet haben? Aus Papier, Büchern und CDs?
Aus Wäschestapeln oder aufgetürmtem Geschirr? Dann wissen Sie ja, wie aufwendig
eine solche Wohnungsarchitektur aufzubauen
und zu erhalten ist. Oft müssen Sie ganze Türme abtragen, um ein gesuchtes Teil aus dem
Fundament zu ziehen, und dann mühevoll
wieder aufbauen. Gelegentlich bricht auch ein
Turm zusammen und zwingt Sie erstens zur
Rekonstruktion und zweitens dazu, die beim
Zusammensturz beschädigten oder verloren
gegangenen Dinge zu ersetzen. Und häufig
finden Sie auch überhaupt nicht, was Sie suchen. Doch nicht nur zu Hause, auch im Job
ist der Turmbau verbreitet: Da stapeln sich

Berge von Papier, Fachzeitschriften, Ordnern.
Manche organisieren ihren Schreibtisch auch
gezielt nach dem System eines Komposthau-
fens: Was lange genug unten liegt, zersetzt sich
von allein – und ist damit erledigt.
Viele Schweinehunde fühlen sich in so einer
Turmwelt ausgesprochen wohl. Aber haben
Sie schon einmal kalkuliert, wie viel Zeit Sie
täglich mit Stapeln und Suchen verbringen?
Wenn es nur eine Viertelstunde ist, dann
kommen Sie im Jahr auf über 90 Stunden –
das sind etwa zwei Arbeitswochen!

... zu viel Ordnung auch!

Vielleicht ist Ihr Schweinehund auch völlig
anders veranlagt: Ihre Wäschestapel könnten
akkurater nicht sein, Ihre Löffel und Gabeln
sind ordentlich ineinandergelegt. Alles, was
Sie aufbewahren, ist staubfrei in beschrifteten
Kisten und Kästen untergebracht. Sie räumen
und putzen rund um die Uhr, machen sich
aber dennoch Gedanken darüber, wie Sie
das alles noch besser organisieren könnten.
Im Job ist es ähnlich: Sie haben für alle Vorgänge Checklisten und Formulare erstellt,
schreiben stundenlang To-do-Listen und investieren viel Zeit in die Verwaltung Ihrer Verwaltung. Dagegen ist erst mal nichts zu sagen,
solange Sie sich von Ihrer eigenen Ordnung
nicht eingeengt fühlen. Vielleicht würden
Sie aber mit etwas weniger Ordnung ebenso
gut zurechtkommen und dadurch wertvolle
Lebenszeit gewinnen – und das jeden Tag!

Richtig geplant ist halb gewonnen!

Fehlerhafte oder fehlende Planung kostet viel Zeit und Geld – das gilt für Job und Alltag gleichermaßen: Wenn Sie vergessen haben, Material zu bestellen, steht die Produktion still. Wenn Sie es versäumt haben, Ihren Kühlschrank zu füllen, radeln Sie womöglich am Feiertag durch die halbe Stadt auf der Suche nach Milch und Butter. Alles, was Sie auf den letzten Drücker erledigen, zieht ein Mehr an Aufwand nach sich. Ihr Schweinehund weiß das ganz genau – und trotzdem hat er mehr Spaß am Aufschieben als am Planen. Warum? Wenn Sie Ihren Job und Ihren Alltag gut organisieren, haben Sie Zeit, sich auch mit ungeliebten Aufgaben rechtzeitig zu befassen. Und dazu hat Ihr zotteliger Begleiter überhaupt keine Lust.

Zu viel Planung lähmt

Ebenso wie ein Zuwenig kostet auch ein Zuviel an Planung wertvolle Zeit: Erstens brauchen Sie sehr lange, um Ihren detaillierten Plan überhaupt aufzustellen. Und zweitens beanspruchen Sie die Zeit aller, die sich in Ihren Plan einarbeiten müssen. Und nicht nur das: Wenn Sie Aufgaben mit allzu umfangreichen Erklärungen delegieren, reagieren die Betroffenen womöglich verunsichert oder gar verärgert. Oft ist es besser, nur das gesetzte Ziel klar zu skizzieren, als jeden einzelnen Arbeitsschritt aufzulisten. Und das gilt

auch für den Alltag: Zu starre Ablaufpläne können unter Umständen mehr Zeit kosten als bringen. Vielleicht müssen Sie gar nicht jeden Tag um 12.30 Uhr zu Hause sein, weil Ihr Sprössling seinen Mittagsschlaf auch im Kinderwagen halten kann? Und womöglich ist es nicht nötig, jeden Abend ein opulentes Abendessen zu zaubern, weil Ihre Familie gar nicht immer Lust darauf hat?

DAUERBRENNER ORDNUNG

Das Thema Ordnung ist in den meisten Familien und auch in vielen Unternehmen ein Dauerbrenner. Der Grund: Jeder stellt sich etwas anderes darunter vor – und jeder hält seine Idee für die richtige. Wenn diese Vorstellungen auseinanderdriften, kommt es zwangsläufig zu Konflikten: Dem einen ist es zu unordentlich, dem anderen zu ordentlich, und niemand fühlt sich richtig wohl. Deshalb: Sprechen Sie über Ihre unterschiedlichen Erwartungen und auch darüber, was in Ihrer Lebens- oder Arbeitssituation realistisch und machbar ist. Wenn Sie sich gar nicht einig werden, können Sie gemeinsame Bereiche in verschiedene Zuständigkeitszonen aufteilen oder die Verantwortung für einen Bereich in einem bestimmten Zeitrhythmus abwechseln.

MEHR ZEIT FÜR MICH

WO BLEIBT IHRE ZEIT?

Machen Sie Ihre Zeiträuber dingfest! Doch wo stecken sie? Und wie schlimm treiben sie ihr Unwesen mit Ihnen? Nehmen Sie sich ein wenig Zeit und kreuzen Sie jeweils die Aussage an, die auf Sie am besten zutrifft.

1. IM BÜRO

Wie sieht Ihr Terminkalender aus?
- Ich halte ein paar Pufferzeiten frei. .... B
- Ich habe auch Zeiten eingeplant, in denen ich ganz bewusst nichts tue. C
- Prallvoll. .... A

Wie arbeiten Sie, wenn Sie viel zu tun haben?
- Ich erledige zuerst das, was Priorität hat. C
- Ich fange möglichst alles gleichzeitig an. ...... A
- Ich schaffe zuerst das weg, was am dringendsten erscheint. .... B

Machen Sie viele Überstunden?
- Ich versuche, Arbeitszeit und Arbeitsinhalte optimal aufeinander abzustimmen. C
- Gelegentlich lässt es sich nicht vermeiden. .... B
- Ja, täglich. Ich schaffe es nicht anders. .... A

Wie delegieren Sie Aufgaben?
- Gar nicht. Bevor ich lange erkläre, was zu tun ist, mache ich es lieber selbst. .... A
- Ich gebe klare Ziele vor und kontrolliere das Ergebnis. C
- Ich bestimme die Arbeitsschritte und Zuständigkeiten, die Inhalte werden von den Betreffenden selbstständig erledigt. ...... B

Wie nehmen Sie unangenehme Aufgaben in Angriff?
- Ich muss erst eine Weile darüber brüten, um in Stimmung zu kommen. .... B
- Wenn die Aufgaben Priorität haben, dann erledige ich sie sofort. C
- Ich schiebe sie so lange vor mir her, bis es wirklich brennt. .... A

2. ZUHAUSE

Wer ist bei Ihnen für den Haushalt zuständig?
- Ich stemme das ganz allein, niemand kann das so gut wie ich. .... A
- Wir haben die Pflichten aufgeteilt und einige davon an externe Dienstleister vergeben. C
- Wir haben einen Haushaltsplan, halten uns aber selten dran. .... B

Wie verbringen Sie Ihre Feierabende?
- Manchmal unternehmen mein Partner und ich noch etwas, meist ist die verbleibende Abendzeit allerdings zu knapp dafür. .... B
- Wir gehen regelmäßig aus oder genießen ein romantisches Abendessen zu Hause. C
- In der Regel vor dem Fernseher. .... A

Verbringen Sie viel Zeit mit Ihren Freunden?
- Wir sehen uns regelmäßig, aber zu selten. .... B
- Leider nicht. Es gibt immer so viel anderes zu tun. .... A
- Die Treffen mit meinen Freunden haben einen festen Platz im Terminkalender. C

Investieren Sie viel Zeit in Ihr Haus oder Ihre Wohnung?
- Jede freie Minute nutze ich, um irgendetwas zu richten – und werde doch nie fertig. .... A
- Es gibt immer etwas zu tun, doch das bleibt weitgehend überschaubar. .... B
- Wir legen regelmäßig ein Wochenende ein, an dem wir uns um die nötigsten Dinge kümmern – das reicht aus. C

3. IHRE ORDNUNG

Wie haben Sie Ihren Schreibtisch organisiert?

- Ich staple einfach alles aufeinander. .... A
- Auf meinem Schreibtisch liegt immer
  nur das, was ich aktuell brauche. C
- Meistens weiß ich, wo ich meine Unterlagen
  hingelegt habe. .... B

Wie steht es um Ihren Keller oder Ihr Archiv?

- Manchmal komme ich dazu, ein wenig
  auszumisten. .... B
- Keine Ahnung, was da alles drin ist. .... A
- Alles steht an seinem Platz. C

Wie gehen Sie mit Ihrem Computer um?

- Ich beschimpfe ihn laut, weil er meine
  Dokumente verschwinden lässt. .... A
- Häufig finde ich, was ich suche. .... B
- Ich lege für jeden Vorgang einen
  eigenen Ordner an. C

4. IHRE FREIZEIT

Pflegen Sie Hobbys?

- Ja, doch im Zweifelsfall geht der Job vor. .... B
- Ja, und daran halte ich auch fest,
  wenn es im Job hoch hergeht. C
- Nein, dazu habe ich überhaupt keine Zeit. ..... A

Sind Sie ehrenamtlich engagiert?

- Nein, ich verwende meine freie Zeit lieber
  für meine Familie, Freunde oder Hobbys. C
- Ja, ich habe sehr viele Ehrenämter. .... A
- Ja, aber begrenzt. Ich nehme nur solche
  Ämter an, die mir etwas bedeuten. .... B

Haben Sie Zeit, einfach mal gar nichts zu tun?

- Gar nichts? Das kann ich nicht. .... A
- Solche Zeiten sind fest eingeplant. C
- Eher selten. .... B

AUSWERTUNG

Welchen Buchstaben haben Sie am häufigsten
angekreuzt – A, B oder C?

A Sie haben viel zu gewinnen

Sie sind so verplant, dass Sie überhaupt keine freie
Zeit haben. Zwar sind Sie immer in Hektik, haben
Ihr Leben aber nicht richtig im Griff. Der Schweinehund hat Sie an die Leine gelegt! Die gute Nachricht: Sie können in jedem Lebensbereich viel
Zeit gewinnen! Und Ihr Schweinehund hilft Ihnen
sogar dabei: Er kann Ihnen sagen, wozu Ihr Zeitmangel gut ist. Vielleicht möchte er Sie vor schweren Entscheidungen oder unangenehmen Einsichten bewahren? Gehen Sie daher behutsam vor,
wenn Sie mehr Zeit in Ihr Leben lassen. Den passenden Weg finden Sie in den Kapiteln »So gewinnen Sie Zeit im Job« und »Mehr Freizeit im Alltag«.

B Sie kommen gut voran

Sie haben Ihren Schweinehund im Großen und
Ganzen recht gut im Griff – manchmal fallen Sie
allerdings noch auf seine Sabotageakte herein.
Nehmen Sie's mit Humor und lassen Sie sich davon nicht entmutigen! Auch wenn Sie immer mal
wieder Zeit verlieren oder selbst zu kurz kommen:
Im Grunde machen Sie das Wesentliche schon richtig. Und wenn Sie Ihr Zeitmanagement im Job und
Alltag noch optimieren möchten, werden Sie im
dritten und vierten Kapitel fündig.

C Sie sind schon fast am Ziel

Glückwunsch! Sie wissen, dass Sie sich selbst
genug Zeit gönnen müssen, damit Ihr ständiger
Begleiter schön zahm bleibt. Die Zeit mit der Familie, für Ihr Hobby oder fürs Nichtstun ist Ihnen
heilig. Und trotzdem gelingt Ihrem Schweinehund
hin und wieder ein kleiner Gegenschlag. Vielleicht
passt Ihr Zeitmanagement noch nicht in allen Punkten zu Ihrem Typ? Dann helfen Ihnen der Test
»Was für ein Zeitmanager sind Sie?« in Kapitel 2
und die Tipps zur individuellen Zeitplanung im dritten Kapitel weiter.

Ziele festlegen – Zeit gewinnen

Um Zeit zu gewinnen, reicht es nicht, einfach alles schneller zu machen. Packen Sie das Übel an der Wurzel! Denken Sie darüber nach, was Ihnen wirklich wichtig ist – alles andere lassen Sie weg. So kommen Sie Ihren Lebenszielen tatsächlich ein gutes Stück näher. Doch Ihr Schweinehund verliert schon bei der Zielfindung die Lust? Dann nehmen Sie ihn doch einfach an der Pfote und machen ihm ein entspanntes Leben mit viel freier Zeit schmackhaft. Das wird auch ihn überzeugen!

Eigentlich ist das nervig: Da wollen Sie bloß ein bisschen besser mit Ihrer Zeit zurechtkommen, und gleich fallen Wörter wie Priorität und Zielfindung. Ihr Schweinehund rümpft sofort die Nase: »Gleich kommen sicher noch irgendwelche Formeln!« Beruhigen Sie Ihren struppigen Gesellen – die Sache mit den Prioritäten ist ganz einfach zu verstehen und auch leicht umzusetzen. Das Wort »Priorität« leitet sich vom lateinischen »prior« ab, das »der vordere« oder »der frühere« bedeutet. Unter Priorität versteht man daher nichts anderes, als dass eine Person oder eine Sache Vorrang vor einer anderen hat. Und Prioritäten setzen heißt so viel wie eine Reihenfolge festlegen: Angefangen beim Wichtigsten, das vor allem anderen steht, bis hin zum Unwichtigsten, das ganz zum Schluss erledigt werden kann. Also erst die Bewerbung verfassen, dann Fenster putzen. Erst den Bericht an den Vorstand schreiben, dann den Adressverteiler aktualisieren.

Prioritäten setzen

Ihre Prioritäten legen Sie ganz bewusst fest: Sie tun zuerst das, was für das Erreichen Ihrer persönlichen Ziele am wichtigsten ist. Laut dem US-amerikanischen Managementberater Stephen R. Covey ist das übrigens eine relativ junge Erkenntnis in der Kunst des Zeitmanagements, die sich seiner Einschätzung nach in vier Stufen entwickelt hat.

1. **Checklisten schreiben:** In den Anfängen des Zeitmanagements wurde zunächst versucht, durch Auflisten alle Aufgaben möglichst vollständig zu erfassen.
2. **Termine planen:** Im nächsten Schritt kombinierten die Zeitmanager die Checklisten mit Terminkalendern. Dadurch hatten sie die Kontrolle darüber, ob anstehende Aufgaben erledigt worden sind, und konnten zudem vorausschauend planen.
3. **Prioritäten setzen:** Zur Organisation und Planung kam die Vorstellung, Aufgaben nach ihren Werten zu ordnen. Je mehr eine Aufgabe dazu beiträgt, ein zuvor festgelegtes Ziel zu erreichen, desto höher ist ihr Wert.
4. **Beziehungen erhalten und Ergebnisse erzielen:** Eine streng auf Prioritäten ausgerichtete Terminplanung lässt nicht viel Freiraum für menschliche Bedürfnisse und persönliche Wünsche. Deshalb entwickelte sich eine vierte Generation von Zeitmanagement. Sie konzentriert sich nicht mehr nur darauf, Termine zu organisieren und Krisen zu vermeiden, sondern jetzt heißt es: Zuerst die Prioritäten Ihres Lebens festsetzen und diese dann in Ihrem Terminkalender verankern. Doch bevor Sie darangehen, Ihre Lebensziele unter die Lupe zu nehmen, finden Sie hier einen Überblick über die wichtigsten Prinzipien beim Festlegen von Prioritäten.

Das Kieselprinzip

Das einfachste Zeitmanagement-Prinzip stammt von Stephen R. Covey: Zur Veranschaulichung dient das Bild eines Kruges, der mit Wasser, Sand, Kiesel und großen Steinen gefüllt werden muss. Die großen Steine stehen für die wirklich wichtigen Aufgaben, die Kieselsteine und der Sand sollen weniger wichtige Dinge darstellen, und für Nebensächlichkeiten steht das Wasser. Stellen Sie sich nun vor, Sie füllen den Krug zuerst mit Wasser, schütten dann Sand darauf und anschließend Kiesel. Wie viel Platz bleibt noch für Ihre großen Steine? Richtig: fast keiner! Besser ist es also umgekehrt: Sie füllen den Krug zuerst mit dem Wichtigsten, nämlich den großen Steinen. Dann lassen Sie Kiesel und Sand in die Zwischenräume rutschen und füllen das Ganze mit Wasser auf.

Das Pareto-Prinzip

Entdeckt wurde dieses Prinzip durch den italienischen Ingenieur und Ökonom Vilfredo Frederico Pareto. Die »Pareto-Regel« besagt, dass 20 Prozent der Arbeitszeit 80 Prozent der Ergebnisse bringen. Für die restlichen 20 Prozent, die Sie brauchen, um die 100-Prozent-Marke zu erreichen, benötigen Sie aber 80 Prozent der Zeit. Daher: Gerade bei unwichtigen Routineaufgaben reicht es aus, wenn Sie die Sache zuverlässig erledigen statt superperfekt. Schaffen Sie Nebensächlichkeiten also ruckzuck weg und kümmern Sie sich um Wichtiges!

Das Eisenhower-Prinzip

Dieses Prinzip geht auf den ehemaligen US-Präsidenten Dwight D. Eisenhower zurück. Zugrunde liegt eine einzige Frage: »Ist diese Aufgabe wichtig oder dringend?« Darauf kann es vier Antworten geben:

A) Die Aufgabe ist wichtig und dringend:

- Projekte, die kurz vor der Abgabe stehen
- dringliche Probleme und Krisen aller Art

B) Die Aufgabe ist wichtig, aber nicht dringend:

- Planung langfristiger Ziele
- vorausschauendes Risikomanagement
- Aufbau und Pflege von Beziehungen
- Weiterbildung für langfristigen Erfolg

C) Die Aufgabe ist nicht wichtig, aber dringend:

- Telefonanrufe und eingehende E-Mails
- Unterbrechungen durch Kollegen
- Einladungen

D) Die Aufgabe ist nicht wichtig und nicht dringend:

- Spaß-E-Mails und Schwätzchen
- unerwünschte Werbeprospekte

Wenn Sie Ihre Ziele möglichst effektiv erreichen möchten, sollten Sie sich auf die Aufgaben konzentrieren, die für Sie wichtig sind – und nicht auf die scheinbar dringenden Dinge. Dringlichkeiten werden meist von anderen Menschen festgelegt und haben in der Regel mit Ihren persönlichen Zielen wenig zu tun. Es sind die sogenannten B-Aufgaben, die Sie im Leben wirklich weiterbringen: das langfristige Planen, Aufstellen von Visionen, Abschätzen von Risiken, Lernen neuer Methoden und Aufbauen wichtiger Geschäftskontakte – alles Tätigkeiten, die eine Menge Energie erfordern, mit viel Zeit geplant oder erlernt werden müssen. Also genau solche Dinge, die Ihrem Schweinehund zu anstrengend sind. Und die längst nicht so aufregend sind wie A- und C-Aufgaben. Denn dabei fühlen sich Schweinehunde großartig – wie Filmhelden beim Showdown. Um sich davon zu erholen, tummeln sie sich anschließend im Feld der D-Aufgaben, wie lustige Internet-Videos gucken.

WICHTIG ODER DRINGEND?

Welche der folgenden Situationen schätzen Sie als wichtig, welche als dringend ein? Und welchen schreiben Sie beide Attribute zu? Diese Aufgabe wird Sie vielleicht eine Weile beschäftigen, aber sie ist eine sehr gute Übung. Denn dabei lernen Sie, wie Sie in Zukunft leichter Prioritäten erkennen und setzen können.

Im Alltag	wichtig	dringend
Der Postbote klingelt.		
Ihr Sohn möchte ein neues Computerspiel haben.		
Die Fenster sind schmutzig.		
Ihre Haftpflichtversicherung ist nicht auf dem neuesten Stand.		
Sie haben Lust auf eine neue Frisur.		
Die Waschmaschine ist kaputt.		
Sie planen ein Wellness-Wochenende mit Ihrem Partner.		
Ihre Tochter muss zur Vorsorgeuntersuchung beim Kinderarzt.		
Sie suchen einen Coach, der Sie beim beruflichen Wiedereinstieg unterstützt.		
In vier Wochen findet das Schulfest statt.		
Im Job	**wichtig**	**dringend**
Sie wollen einen neuen Marketingplan ausarbeiten.		
Ihr Computer signalisiert den Eingang neuer Mails.		
Für das anstehende Meeting gibt es noch keine Agenda.		
Ihr Mobiltelefon klingelt.		
Die neue Mitarbeiterin muss eingearbeitet werden.		
Sie haben länger nicht Ihre Daten gesichert.		
Die neue Fachzeitschrift kommt.		
Ihr Kollege bringt Ihnen einen Kaffee.		
Der Azubi hat eine Frage.		
Der Monatsbericht muss nächste Woche fertig sein.		

Ziele zur Orientierung

Haben Sie die Übung »Wichtig oder dringend?« gemacht? Dann haben Sie jetzt vermutlich Ärger mit Ihrem Schweinehund. »Was weiß denn ich, ob eine Fachzeitschrift oder ein Schulfest jetzt wichtig ist oder nicht? Das kommt doch immer drauf an!« Stimmt genau. Erst wenn Sie herausgefunden haben, was für Sie persönlich wichtig ist und welche Ziele Sie damit verbinden, dann wird Ihnen die Einteilung in A-, B-, C- oder D-Aufgaben ganz leicht fallen. Oder sortieren sich Ihre Aufgaben vor Ihrem inneren Auge bereits von ganz alleine? Umso besser, dann können Sie ja gleich loslegen!

Wer sind Sie?

Das ist die erste Frage, die Sie sich beantworten sollten. Sie können Ihren Schweinehund beruhigen: Es geht dabei nicht um komplizierte psychologische Zusammenhänge, sondern schlicht und ergreifend darum, welche Rollen Sie in Ihrem Leben spielen. Als Mann können Sie beispielsweise Ehemann, Vater, Marketingchef, Volkshochschul-Dozent für Tai Chi und Mitglied im Kirchenchor sein. Als Frau hingegen nehmen Sie vielleicht folgende Rollen ein: Ehefrau, Mutter, Controllerin, Vorsitzende im Schulelternbeirat und Hobby-Cellistin.

Was möchten Sie erreichen?

Die zweite Frage bezieht sich darauf, was Sie in den jeweiligen Lebensrollen erreichen möchten – und warum. Wundern Sie sich dabei nicht, wie weit die einzelnen Ziele auseinandergehen können: Vielleicht wollen Sie als Forschungsleiter einer Pharmafirma den ganz großen Durchbruch mit einem neuen Medikament schaffen, weil Sie überzeugt davon sind, damit vielen Menschen helfen zu können? Gleichzeitig möchten Sie Ihrer Tochter das Schwimmen beibringen, weil Sie selbst wunderbare Erinnerungen an die Schwimmstunden mit Ihrem Vater haben? Schreiben Sie die sieben wichtigsten Rollen auf, die Sie in Ihrem Leben spielen. Notieren Sie dann jeweils die zentralen Ziele, die Sie in jeder Ihrer Rollen verfolgen. Eine geeignete Vorlage, um alle Ideen, Wünsche und Vorstellungen festzuhalten, finden Sie im Anhang ab Seite 162.

Wenn Sie festgelegt haben, was Sie – wirklich Sie, nicht Ihr Chef oder Ihre Familie! – erreichen möchten, geht es im nächsten Schritt darum, diese Ziele in Ihrem Terminkalender zu verankern. Wie Sie das im Beruf am besten hinkriegen, lesen Sie in Kapitel 3 »So gewinnen Sie Zeit im Job«. Die entsprechenden Tipps für die Umsetzung im (Familien-)Alltag gibt es im vierten Kapitel »Mehr Zeit im Alltag«.

BURN-OUT ODER BORE-OUT?

Mit Belastungen im Arbeitsleben hat vermutlich jeder irgendwann mal zu kämpfen: Die Weltgesundheitsorganisation WHO schätzt die Kosten, die negativer Stress am Arbeitsplatz und die damit verbundenen psychischen und physischen Gesundheitsprobleme allein in Europa jedes Jahr verursachen, auf drei bis vier Prozent des Bruttoinlandsprodukts – das sind 265 Milliarden Euro. Wer die Grenzen seiner psychischen und körperlichen Belastungsfähigkeit permanent überschreitet, riskiert eine andauernde und lähmende Erschöpfung – er fühlt sich irgendwann ausgebrannt, erleidet ein sogenanntes Burn-out. Doch so weit muss es nicht kommen! Achten Sie auf folgende Warnzeichen:

- Sie haben das Gefühl, alles sei sinnlos.
- Sie fühlen sich erschöpft und leer.
- Sie können nicht mehr gut schlafen, nehmen oft Schlaf- oder Beruhigungsmittel.
- Sie trinken häufiger Alkohol als sonst.
- Es wird Ihnen alles zu viel, Sie sind gereizt.
- Pausen empfinden Sie als reine Zeitverschwendung.
- Sie haben keinen Spaß mehr an der Arbeit.
- Sie ziehen sich aus Ihrem Freundeskreis zurück, unternehmen nichts in Ihrer Freizeit.

Es klingt paradox, aber Stress kann auch durch Unterforderung und Langeweile entstehen: Experten nennen dieses Phänomen Bore-out. Es tritt bei Menschen auf, denen keine adäquaten oder ganz einfach zu wenige Aufgaben übertragen werden. Bei Bürojobs gibt es Bore-out offenbar besonders häufig, weil das Arbeitsergebnis nicht so offensichtlich ist wie etwa in der Produktion oder im Handwerk. Doch kaum jemand spricht offen über die eigene Unterforderung – vor allem dann nicht, wenn diese im Rahmen von Machtspielen eingesetzt wird. Gerade in größeren Unternehmen ist dies nämlich eine beliebte Methode, um Kollegen gezielt hinauszuekeln.

Schluss mit dem Stress!

Hören Sie sich selbst auch häufig über Stress klagen? Das lässt sich ändern: Wenn Sie sich darüber klar geworden sind, was für Sie in Ihrem Leben wirklich wichtig ist, verschwindet dieses unangenehme Gefühl der Über- oder Unterforderung von ganz allein – vorausgesetzt natürlich, Sie haben sich realistische Ziele gesteckt. Und wenn Sie den Knoten aus Rollen und Zielen einmal entwirrt haben, haben Sie eine innere Richtschnur, die Ihnen zeigt, wo's langgeht: Welche Anstrengung nehmen Sie gerne auf sich und was ist nichts anderes als die Hektik Ihrer Mitmenschen? Was Ihnen bleibt, ist positiver Stress – Sie empfinden Ihre Aufgaben als spannende Herausforderung, fühlen sich leistungsstark und zufrieden.

Weg mit der Disziplin!

Kennen Sie das? Sie wachen frühmorgens auf und freuen sich riesig auf das, was Sie sich für den Tag vorgenommen haben. Vielleicht haben Sie vor, einen Teil Ihres Gartens neu anzulegen oder zusammen mit Ihren Kindern die alte Modelleisenbahn aufzubauen? Vielleicht möchten Sie aber auch endlich in Ruhe Ihre neuen Projektideen aufschreiben oder sich mit Fachkollegen zum Brainstorming treffen? Sie springen aus dem Bett und fühlen sich kein bisschen müde. Warum ist das so? Ganz einfach: Ihre Motivation kommt von innen, Sie verspüren echte Vorfreude auf eine Sache, die Ihnen Spaß machen wird. Wenn Sie sich so fühlen, ist das ein gutes Zeichen dafür, dass Sie auf dem richtigen Weg sind. Sie möchten Ihre eigenen Ziele erreichen – und keine, die andere gut und wichtig für Sie finden. Oder solche Ziele, die Sie nicht aus echtem Interesse verfolgen, sondern nur deshalb, weil sie zum Pflichtprogramm gehören oder weil Sie sich davon Prestige versprechen. Denn solange es sich nicht wirklich um Ihre persönlichen Ziele handelt, wird es für Sie schwierig sein bei der Sache zu bleiben. Sie werden sich in diesem Fall immer wieder vom Diktat der Dringlichkeit – und somit von anderen Menschen – oder vom Vergnügen am Herumwursteln – also von Ihrem eigenen Schweinehund – aus dem Konzept bringen lassen.

Schaffen Sie den Wecker ab!

Wenn Sie Ihre Prioritäten einmal erkannt und gesetzt haben, folgen Sie ihnen garantiert wie von allein. Disziplin brauchen Sie dann nicht mehr, weil Ihnen diese Aufgaben ganz einfach Spaß machen. Vielleicht wird sogar Ihr Wecker überflüssig. Wie beim britischen Essayisten und Hohepriester des Nichtstuns Tom Hodgkinson, der viele Jahre lang den allmorgendlichen Kampf gegen seinen inneren Schweinehund verloren hat. Er konnte sich einfach nicht aufraffen, mit dem Weckerklingeln die warmen Bettfedern zu verlassen. Und so schaffte er seinen Wecker kurzerhand ab. Und fand dabei heraus, dass es möglich ist, auch ohne Wecker ungefähr zur richtigen Zeit aufzuwachen – und zwar langsam, natürlich und vergnügt.

Sie stehen an erster Stelle

Achtung also, wenn Sie morgens nicht aus dem Bett kommen. Der Grund dafür könnte nämlich sein, dass Sie nicht Ihre persönlichen Ziele verfolgen, sondern diejenigen anderer Menschen. Das aber lässt sich natürlich nicht immer ganz vermeiden: Zum Beispiel, wenn Sie Ihren Job nicht wirklich mögen, ihn aber zurzeit aus bestimmten Gründen nicht wechseln können. Denken Sie dann an Ihre vielen anderen Lebensrollen und die damit verbundenen Ziele – das wird Ihren Schweinehund besänftigen. Und auch wenn Sie Ihre eigenen Ziele festgelegt haben und es trotzdem nicht klappt, dass Sie morgens zu einer bestimmten Zeit und voller Tatendrang aus dem Bett steigen, grämen Sie sich nicht. Es geht letztlich immer zuerst um Ihr Wohlbefinden und um Ihre Gesundheit. Was in Ihrem Terminplaner steht, kommt erst an zweiter Stelle. Sie sind schließlich nicht der Sklave Ihres Terminkalenders – sondern der Kalender soll Sie entlasten und Sie unterstützen, Ihr Leben einfacher zu gestalten. Wenn es Ihnen guttut, Ihre eigenen Pläne gelegentlich nicht einzuhalten, dann tun Sie es einfach. Und haben Sie dabei kein schlechtes Gewissen!

Probleme lösen beim Dösen

Morgens halb wach im Bett liegen zu bleiben, zu dösen und ganz allmählich aufzuwachen, ist nicht unbedingt ein Zeichen von Faulheit. Im Gegenteil: Es kann dabei helfen, sich auf die zu lösenden Probleme des Tages vorzubereiten. Oder die Gelegenheit bieten, darüber nachzudenken, was am Tag zuvor gut gelaufen ist und was schlecht, was heute wichtig ist und was nicht. Quälen Sie sich also nicht zu früh aus dem Bett – überlassen Sie sich lieber hin und wieder Ihren kreativen Einfällen. Wenn Sie diese strategisch einsetzen, sparen Sie tagsüber vermutlich sogar Zeit. Und die können Sie gut für andere Dinge nutzen. Oder auch dafür, nichts zu tun und dabei wiederum Ihre Gedanken ganz kreativ schweifen zu lassen.

Zeit für Muße

Ich liebe es, mit meinem Menschen morgens zu dösen oder nachmittags bei einer Tasse Kaffee einfach herumzugucken – in den Garten, auf einen See oder auch auf das bunte Treiben in den Straßen. Dabei entstehen oft die besten Ideen! Das wusste schon Johann Wolfgang von Goethe, der neben vielem anderen auch für seine äußerst große Produktivität bekannt war: »Mein Rat ist daher, nichts zu forcieren und alle unproduktiven Tage und Stunden lieber zu vertändeln und zu verschlafen, als in solchen Tagen etwas machen zu wollen, woran man später keine Freude hat.«

Leben und Arbeit in Balance

Wenn Sie versuchen, in immer kürzerer Zeit immer mehr aus sich herauszuholen, fallen Sie früher oder später dem Schweinehund zum Opfer. Das lässt sich aber vermeiden – indem Sie Ihr Leben und Ihre Arbeit einfacher, effektiver und ausgeglichener gestalten. Und sich damit letztendlich auch entspannter fühlen. Doch wie steht es mit Ihrer Lebensbalance? Finden Sie heraus, was in Ihrem Leben gut läuft und was vielleicht noch ein wenig zu kurz kommt.

Es könnte so schön sein: Morgens eine Runde Yoga, dann in Ruhe frühstücken und anschließend entspannt in den Job aufbrechen. Am Vormittag hoch motiviert und erfolgreich Arbeitsberge bezwingen, mittags mit den Kollegen essen gehen und nett plaudern, nachmittags noch einmal mit Schwung an die Arbeit, um dann zufrieden und pünktlich Feierabend zu machen. Zu Hause eine Runde mit den Kindern spielen und am Abend noch mit dem Partner ins Theater. Klingt wunderbar? Doch so ein ausgeglichener Tagesablauf scheint immer nur den anderen zu gelingen, während die eigene Lebensbalance völlig schiefhängt. Gehören Sie auch zu denen, die morgens zum Job hetzen und erst spätabends nach Hause kommen, um dann mit letzter Kraft eine Fertigpizza in den Ofen zu schieben? Oder zu denjenigen, die sich von früh bis spät mit Hausarbeit, Chauffeurdiensten für die Familie und Hausaufgabenkontrolle aufreiben? Vielleicht ist es aber auch ganz anders, und Sie sind dem Schlendrian verfallen und kriegen überhaupt nichts auf die Reihe? Trösten Sie sich: Nur den wenigsten gelingt auf Anhieb ein Leben in Balance. Den meisten geht es wie Seiltänzern: Sie müssen eine ganze Weile üben, bis sie den Balanceakt sicher beherrschen. Hängen Sie also Ihr Seil zu Übungszwecken erst einmal ganz tief – dann tun Abstürze nicht so weh, und Sie können schnell wieder aufspringen. Mit der Zeit werden Sie sich immer sicherer auf dem Drahtseil bewegen und sogar Spaß daran haben.

Die vier Säulen der Lebensbalance

Wer um Balance bemüht ist – weil er sich zum Beispiel auf einem Drahtseil befindet – kann sich dabei auch unterstützen lassen: Vier große Gasballons zum Beispiel könnten auf dem Seil Halt geben. So ungefähr hat sich der iranische Arzt Nossrat Peseschkian die »Vier Säulen der Lebensbalance« vorgestellt. Er wollte herausfinden, was Menschen glücklich und zufrieden macht, was die Grundlagen für ein erfülltes Leben sind. Das Ergebnis seiner Untersuchungen sind die folgenden vier Säulen:

1 Beruf und Finanzen
2 Familie und soziale Kontakte
3 Gesundheit und Fitness
4 Sinn und Lebenswerte

Wenn es Ihnen gelingt, diesen vier Bereichen in Ihrem Leben ein jeweils angemessenes Maß an Aufmerksamkeit zu schenken, werden Sie sich glücklich und zufrieden fühlen. Das klingt fast zu einfach, oder? Tatsächlich kann es ganz schön schwerfallen, diese einfache Erkenntnis umzusetzen.

Auf die Qualität kommt es an

Schon allein die Rechnung, an jedem Tag gleich viele Stunden in jede der vier Lebenssäulen zu investieren, geht nicht auf. Das wären bei acht Stunden Schlaf für jeden Lebensbereich vier zur Verfügung stehende Stunden. Doch wer kann es sich schon leisten, nur vier Stunden täglich zu arbeiten? Wer hat die Muße und das Interesse, sich jeden Tag einige Stunden mit Philosophie oder Religion, mit Geschichte oder Sprache, mit Musik oder Kunst zu beschäftigen? Außerdem wäre es für die meisten Menschen weder körperlich machbar noch ihrer Gesundheit förderlich, jeden Tag vier Stunden lang Sport zu treiben. Die gleiche Anzahl an Stunden für Familie und soziale Kontakte hingegen ist vielen Menschen zu knapp.

Daher: Es kommt nicht darauf an, dass Sie für die einzelnen Lebensbereiche tatsächlich exakt die gleiche Zeit aufwenden – vielmehr sollten Sie in jeden Bereich so viel Zeit investieren, wie es Ihnen guttut. Und diese individuellen Zeitpräferenzen fallen natürlich bei jedem Menschen anders aus!

Die langfristige Bilanz zählt

Es ist kaum möglich, jeden Tag optimal auszubalancieren. Oft wäre das sogar kontraproduktiv: Stellen Sie sich vor, Sie arbeiten an einem besonders spannenden Projekt, fühlen sich voller Tatendrang und sind mit Ihrer Arbeit sehr zufrieden, wenn Sie abends erschöpft Feierabend machen. In solchen Phasen ist es völlig in Ordnung, wenn Sie Ihre Freunde nicht so oft sehen oder Ihre Fitness-Stunde einmal ausfallen lassen. Oder wenn Sie Urlaub machen, widmen Sie sich täglich ausgiebig Ihrer Familie, genießen Kultur oder treiben intensiv Sport. Zusätzlich nun noch ein paar Stunden Arbeit einschieben – nur um der vermeintlichen Balance willen – wäre völlig absurd. Deshalb: Optimal ist es, auf lange Sicht Gleichgewicht zwischen den einzelnen Lebensbereichen herzustellen. Kurzfristige Schieflagen in die eine oder andere Richtung sind völlig normal und gehören dazu.

Jede Lebensphase ist anders

Im Laufe des Lebens können sich die Herausforderungen Ihrer Lebensbalance ganz verschieden darstellen: Ein 40-jähriger Manager zum Beispiel konzentriert sich ganz auf seinen beruflichen Erfolg und vernachlässigt dafür Familie, Freunde und Gesundheit – ganz zu schweigen von Sinn- und Wertefragen, die in seinem Leben überhaupt keinen Platz finden. Eine 25-jährige Frau dagegen legt vielleicht so viel Wert auf Gesundheit und Fitness, dass sie ihren Beruf aus dem Blick verliert oder soziale Kontakte vernachlässigt. Einer 30-jährigen Mutter wiederum kann es passieren, dass sie so in ihrer jungen Familie aufgeht, dass sie alles andere hintanstellt. Für einen 60-Jährigen wiederum können Fragen nach dem Lebenssinn so drängend werden, dass er darüber die übrigen Lebensbereiche vergisst.

Dass sich die Schwerpunkte im Leben verschieben, ist normal: Bis Mitte dreißig steht für die meisten der Beruf an erster Stelle, dann werden Familie und Freunde wichtiger. Ab Mitte fünfzig rückt das Thema Gesundheit in den Vordergrund, und spätestens Ende sechzig taucht die Frage nach dem Sinn des Lebens auf: Was habe ich bewegt? Habe ich die richtigen Entscheidungen getroffen? Manche Menschen beginnen erst in dieser Phase, über ihr Leben nachzudenken – darüber, was sie versäumt haben und sich nicht mehr nachholen lässt. Machen Sie nicht den gleichen Fehler – fangen Sie heute damit an!

Sorgen Sie rechtzeitig für Ausgleich

Erst einmal beruflich in die Gänge kommen, anschließend eine Familie gründen, dann die Gesundheit retten – oder das, was noch zu retten ist – und am Lebensabend ein wenig nachdenken. Diese Reihenfolge erscheint den meisten Menschen sinnvoll, weil sie sich an den vordergründigen Notwendigkeiten orientiert. Und schließlich macht es doch jeder so – oder etwa nicht?

Wenn Sie genau hinschauen, sehen Sie aber sofort, dass hier etwas nicht stimmt. Wäre es nicht viel sinnvoller, erst über Sinn und Wertmaßstäbe des eigenen Lebens nachzudenken, und alle übrigen Entscheidungen auf dieser Grundlage zu treffen? Wer so vorgeht, blickt im Alter auf ein erfülltes Leben zurück und ist mit sich im Reinen: Ja, der gewählte Berufsweg war der richtige. Die bewusste Entscheidung für oder gegen Kinder hat sich als gut erwiesen, Sie leben immer noch gerne mit Ihrem Partner zusammen und pflegen mit Freude lang bestehende Freundschaften. Und Sie sind fit wie ein Turnschuh, weil Sie all die Jahre auf Ihre Gesundheit geachtet haben. Das wäre doch eine Bilanz, mit der Sie mehr als zufrieden sein könnten!

Es ist nie zu spät

Je früher Sie sich darüber klar werden, was Sie mit Ihrem Leben anfangen wollen, desto besser. Sobald Sie wissen, in welche Richtung

EIN STABILES LEBENSGEBÄUDE

Was stellen Sie sich unter dem Sinn Ihres Lebens vor? Möchten Sie etwas Neues herausfinden? Für mehr Gerechtigkeit kämpfen? Oder möchten Sie anderen etwas beibringen? Ihr persönlicher Lebenssinn ist das Fundament Ihres Lebensgebäudes. Darauf bauen Sie zwei grundlegende Bausteine: auf der einen Seite Ihre Familie und Ihren Freundeskreis, auf der anderen Seite Ihr persönliches »So-bleibe-ich-fit«-Programm. Beides zusammen ist die Voraussetzung dafür, dass Sie im Beruf Spaß haben und Leistung zeigen können. Und vergessen Sie dabei nicht: Ihr Job ist das Dach Ihres Lebensgebäudes – nicht die Basis!

Sie sich entwickeln möchten, können Sie in allen vier Lebensbereichen darauf hinarbeiten: Bauen Sie einen Familien- und Freundeskreis auf, der Ihnen Rückhalt gibt. Wählen Sie einen Beruf, der zu Ihnen und Ihren Lebenszielen passt, und haben Sie immer auch ein Auge auf Ihre Gesundheit. Und falls Sie gerade Gedanken haben wie »Schon zu spät!«, dann lassen Sie sich sagen: Es ist nie zu spät für einen Ausgleich zwischen den vier Lebensbereichen und damit für ein erfülltes Leben. Und je eher Sie das Ruder herumreißen, desto besser!

LEBEN SIE IN BALANCE?

Wenn Sie sich darüber klar werden wollen, wie es um die Balance in Ihrem Leben bestellt ist, steht an erster Stelle die Frage: Wie viel Zeit investieren Sie in die einzelnen Bereiche? Dafür brauchen Sie aber keine Stoppuhr, denn es geht nur um eine erste Einschätzung, damit Sie ein Gefühl für Ihre momentane Lebenssituation bekommen – und auch dafür, ob und was Sie in Ihrem Leben ändern möchten. Eine genaue Analyse Ihres Tagesablaufs können Sie dann in Kapitel 3 »So gewinnen Sie Zeit im Job« vornehmen.

Doch nun tragen Sie erst einmal die Stundenzahlen ein, die Sie in einer ganz normalen Arbeitswoche in Ihre jeweiligen Lebensbereiche investieren. Wenn Sie möchten, können Sie auch besondere Zeiten wie Kulturreisen, Aktiv- oder Familienurlaube, Fortbildungen oder Krankentage berücksichtigen – pro Aktivität und Woche eine Zusatzstunde in der Kategorie Bonus.

1. BERUF UND FINANZEN

Erwerbsarbeit .... _____ Stunden

Fahrzeit
(zur Arbeit und zurück) .... _____ Stunden

Hausarbeit .... _____ Stunden

Weiterbildung .... _____ Stunden

Networking .... _____ Stunden

Vermögensbildung .... _____ Stunden

Zeit zur Regeneration .... _____ Stunden

Bonus .... _____ Stunden

Gesamt .... _____ **Stunden**

2. FAMILIE UND SOZIALE KONTAKTE

Exklusive Zeit
für den Partner .... _____ Stunden

Zeit für die Kinder .... _____ Stunden

Zeit für die Eltern .... _____ Stunden

Zeit für Verwandte .... _____ Stunden

Zeit für Freunde .... _____ Stunden

Zeit für Nachbarn .... _____ Stunden

Ehrenämter .... _____ Stunden

Bonus .... _____ Stunden

Gesamt .... _____ **Stunden**

Die vier Säulen der Lebensbalance

3. GESUNDHEIT UND FITNESS

Sport .... _____ Stunden

Spaziergänge .... _____ Stunden

Entspannung und Erholung .... _____ Stunden

Arztbesuche .... _____ Stunden

Gesunde Ernährung .... _____ Stunden

Körperpflege .... _____ Stunden

Beratung und Information .... _____ Stunden

Bonus .... _____ Stunden

Gesamt .... _____ **Stunden**

4. SINN UND KULTUR

Beschäftigung mit Sinn/Werten . _____ Stunden

Entwicklung der Persönlichkeit .. _____ Stunden

Musizieren, Oper und Konzerte .. _____ Stunden

Lesungen und Theater .... _____ Stunden

Architektur und Kunst .... _____ Stunden

Politische und soziale Fragen .... _____ Stunden

Spiritualität und Religion .... _____ Stunden

Bonus .... _____ Stunden

Gesamt .... _____ **Stunden**

Wie sieht Ihre persönliche Bilanz aus? Wünschen Sie sich mehr Zeit für einzelne Lebensbereiche?
Würden Sie andere gerne etwas einschränken? Denken Sie daran: Es gibt kein Patentrezept!
Welche Balance für Sie persönlich die richtige ist, das ist ganz allein Ihre Entscheidung.

Gut kombiniert

Bei der letzten Übung haben Sie sicher bemerkt, dass sich manche Tätigkeiten oder Unternehmungen mehr als einem Lebensbereich zuordnen lassen. Vielleicht treiben Sie zusammen mit Ihren Kindern Sport, gehen gemeinsam mit Ihrem Partner ins Theater oder diskutieren mit Ihren Freunden über den Sinn des Lebens? Wunderbar! So gewinnen Sie Zeit und – was noch viel wichtiger ist – Lebensqualität! Denn was gibt es Schöneres, als Dinge, die einem wichtig sind, mit anderen zu teilen?

Beruf und Privatleben trennen

Private Telefonate im Büro nerven die Kollegen, und Aktenberge im Schlafzimmer sorgen für Unmut und Frust zu Hause. Ziehen Sie also eine klare Trennlinie: Lassen Sie Ihre Familiengeschichten zu Hause und Ihre Arbeit im Büro. Wenn Ihnen Letzteres schwerfällt, joggen Sie oder schwimmen Sie ein paar Runden, bevor Sie nach Hause gehen. Das macht den Kopf frei!

Ihre Rollen und Ihre Balance

Im Kapitel »Wer sind Sie?« (siehe Seite 24) haben Sie sich Gedanken über die verschiedenen Rollen gemacht, die Sie in Ihrem Leben spielen. Sind all Ihre Rollen zurzeit in der Balance? Falls nicht, deckt Ihr persönliches Rollenrepertoire möglicherweise nicht alle Lebensbereiche ab. Wenn Sie sich aber ausgeglichen fühlen, dann haben Sie Ihre Rollen vermutlich gut über alle vier Lebensbereiche verteilt. Überprüfen Sie also Ihre Rollen einmal: Wenn Sie eine Schieflage entdecken – zum Beispiel ein Übergewicht im Lebensbereich Beruf und Finanzen –, dann reduzieren Sie Ihre Rollen dort doch etwas. Und erhöhen dafür Ihre Aktivitäten in einem Bereich, der bisher etwas zu kurz kam.

Mehr Zeit für wirklich Wichtiges

Ist Ihnen in der Übung zur Lebensbalance auch aufgefallen, dass einige Beschäftigungen, mit denen Sie möglicherweise viel Zeit verbringen, dort überhaupt nicht auftauchen? Zum Beispiel Fernsehen oder im Internet herumklicken. Der Grund dafür ist ganz einfach: Viele dieser Tätigkeiten kosten Sie eine Menge Zeit, tragen aber rein gar nichts zu Ihrer inneren Balance bei.

Leben Sie einfach!

Manche Angewohnheiten oder Beschäftigungen bringen uns nur oberflächliche Zerstreuung, keine echte Erholung. Wenn Sie zum Beispiel Wert darauf legen, immer die aktuellsten Deko-Ideen in Ihrem Wohnzimmer zu präsentieren, dann setzen Sie sich sogar echtem Stress aus. Sie müssen permanent über die neuesten Trends informiert sein. Und zudem für ein gefülltes Konto sorgen, damit Sie sich die neuen Errungenschaften für Ihre Wohnung auch leisten können. Außerdem sind Sie ständig mit Umräumen und Entsorgen unmoderner Sachen beschäftigt. Wenn Sie allerdings wirklich Freude an solchen Beschäftigungen wie dem Umdekorieren Ihrer Zimmer haben, ist dagegen natürlich nichts einzuwenden. Nur wenn es Sie weder entspannt noch zufrieden macht, dann sollten Sie doch einmal innehalten und darüber nachdenken, was für Sie wesentlich ist. Wobei können Sie wirklich gut entspannen und wann fühlen Sie echte Lebensfreude? Vielleicht kommt Ihnen dabei die Erkenntnis, dass es die einfachen Dinge sind, die Ihr Leben bereichern: ein langer Spaziergang im Wald oder ein entspanntes Gespräch mit einer guten Freundin.

Körper und Seele

Das Wohlbefinden Ihres Körpers und Ihrer Seele sind eng miteinander verbunden. Wenn Sie sich körperlich gestresst fühlen, wird es Ihnen schwerfallen, innerlich aufzutanken. Erst, wenn sich der Körper erholt hat, kann auch die Seele aufatmen. Wenn Sie sich entspannen, wird im Körper das Wohlfühlhormon Serotonin ausgeschüttet, die Grundspannung in den Muskeln nimmt ab, Ihr Atem wird ruhig und regelmäßig, und die Pulsfrequenz sowie der Blutdruck sinken. Gönnen Sie sich deshalb regelmäßig Zeiten der Entspannung und nehmen Sie sich die

Muße, herauszufinden, was Ihnen wirklich guttut. Denn das Wellness- und Entspannungsangebot ist riesig, aber letztlich bedeutet Erholung für jeden etwas anderes. Jeder regeneriert auf andere Weise und in einem anderen Tempo. Doch egal, wie und wo Sie sich erholen – Müdigkeit und Verspannung sollten von Ihnen abfallen, Ihre Sorgen allmählich verblassen und Ihnen stattdessen schöne Gedanken in den Sinn kommen. Also: Probieren Sie einfach mal Atemtechniken, körperliche Entspannungsübungen wie Tai Chi oder Qi Gong, Yoga, progressive Muskelentspannung oder autogenes Training. Vielleicht stellen Sie aber auch fest, dass Sie am besten bei einem heißen Bad relaxen können.

Zeitinseln für Ihre Seele

Es muss nicht immer gleich der Wellness-Urlaub sein. Sie können sich auch in Ihrem Alltag Zeitinseln schaffen, in denen Sie abschalten können. Von ganz kleinen Inselchen über größere überschaubare Pausen bis hin zu konsequenten Auszeiten. Eine Vorlage für Ihre persönlichen Zeitinseln finden Sie im Anhang (Seite 164).

Ihre Minuten-Insel

Schon ein paar Minuten intensiv erlebte Auszeit können wie ein kleines Wunder wirken. Sie strecken den Kopf aus Ihrer Alltagshektik, gewinnen wieder Überblick und tanken Kraft. Je häufiger Sie sich solche Mini-Inseln gönnen, desto schneller spüren Sie beim nächsten Mal den beruhigenden Effekt. Hier ein paar Vorschläge, wie Sie für ein paar Minuten relaxen können:

● Musik hören, die Sie tief anspricht
● ein paar Zeilen in Ihrem Lieblingsbuch lesen oder einen Bildband ansehen
● eine kleine Runde spazieren gehen
● bequem sitzen und sich nur auf den Atem konzentrieren

Know-how

DER »SIMPLIFY«-TREND

Immer mehr Menschen versuchen, ihre Lebensqualität zu steigern, indem sie nicht mehr konsumieren, sondern weniger. Sie konzentrieren sich auf das Wesentliche: Nicht Status und Besitz sind ihnen wichtig, sondern echte Werte – sie wünschen sich schöpferische Muße statt stressiges Shopping. Wenn sie einen großen Teil ihrer Lebenszeit schon dafür aufwenden müssen, Geld zu verdienen, dann möchten sie dieses nicht auch noch gegen kurzlebige Dinge eintauschen, die sie nicht wirklich brauchen. Und deren Anschaffung, Pflege und Entsorgung Sie schließlich wiederum Zeit kosten.

Der Trend ist uralt

Der Ruf nach einem einfachen Leben lässt sich zurückverfolgen bis in die frühesten Zeiten der griechischen, der römischen wie auch der chinesischen Philosophie. Für christliche Orden wie etwa die Benediktiner ist ein einfacher Lebensstil seit jeher zentral. Heute findet sich dieser Leitgedanke unter dem Schlagwort »Simplify« wieder. Durch die Rückbesinnung auf das Wesentliche in allen Lebensbereichen soll mehr Lebensqualität verwirklicht werden.

Kein einheitliches Dogma

Die Tendenz zur neuen Einfachheit ist alles andere als ein Dogma, denn unter einem einfachen Leben scheint jeder etwas ganz anderes zu verstehen: Die einen versuchen den Total-Ausstieg aus der Konsumwelt, andere dagegen entscheiden sich zumindest für den ökologisch korrekten Einkauf. Die einen schaffen so viel Besitz ab wie möglich und richten sich in einer kleinen, einfachen Wohnung ein, die anderen setzen auf wenige, dafür aber sehr hochwertige und haltbare Besitztümer. Ganz nach dem Motto von Oscar Wilde: »Ich habe einen ganz einfachen Geschmack. Ich will immer nur das Beste.«

- eine Kurzmeditation oder Yoga-Übung
- eine Tasse Tee trinken und sich durch nichts dabei stören lassen

Ihre Stunden-Insel

Manchmal bekommen Sie ganz unverhofft eine wunderschöne Erholungspause geschenkt: Ein Termin fällt aus, sodass Sie spontan etwas tun können, das Sie auf völlig andere Gedanken bringt. Verlassen Sie sich aber nicht auf den Zufall, sondern planen Sie Ihre persönlichen Stunden-Inseln langfristig ein. Solche Inseln könnten sein:

- Museum, Konzert, Theater oder Kino
- in der Bibliothek stöbern
- ein gutes Essen zelebrieren
- in der Sauna entspannen oder sich eine Massage gönnen
- einen neuen Wanderweg ausprobieren

Ihre Wochenend-Insel

Wie schnell verschwindet Ihr wertvolles Wochenende in einem Wust von Erledigungen, von unorganisierten Hauruck-Aktionen oder Pflichtbesuchen bei der Verwandtschaft. Erledigen Sie so viel wie möglich von Ihrem Pflichtprogramm während der Woche, und gönnen Sie sich an den freien Tagen möglichst viel Erholung. Für solche mittelgroßen Zeitinseln bieten sich folgende Aktivitäten an:

- ein Ausflug an einen Ort, den Sie schon immer mal besuchen wollten
- eine Wanderung oder Fahrradtour
- wenn Sie musizieren oder Theater spielen: ein Proben-Wochenende
- der Besuch eines Seminars zu einem Thema, das Ihnen wichtig ist
- Massage, Sauna, Sport und viel Schlaf

Ihre Auszeit-Insel

Gönnen Sie sich nach Möglichkeit einmal im Jahr eine richtige Auszeit, in der Sie nur das machen, was Ihnen und Ihrer Seele guttut. Während dieser Zeit sollte es nicht vorrangig um Zerstreuung und Aktivitäten gehen, sondern nur um Sie selbst. Kommen Sie zu sich! Zum Beispiel bei:

- einer Pilgerwanderung
- einem Aufenthalt im Kloster
- einer Ayurveda-Kur
- einer Yoga-Woche
- einem Segeltörn
- einer Trekking-Tour

Planung mit sieben Zeithorizonten

Sind Sie sich Ihrer verschiedenen Lebensrollen bewusst geworden? Wissen Sie nun, wie es um die Balance in Ihrem Leben steht? Dann können Sie in einem nächsten Schritt Ihr persönliches Lebensbalance-Konzept in den Kontext kurzfristiger, mittelfristiger und langfristiger Planung einordnen. Dazu bietet

sich das von dem Strategieberater Dr. Cay von Fournier entwickelte System der sieben Zeithorizonte an. Eine passende Vorlage für die Planung Ihrer persönlichen Zeithorizonte finden Sie im Anhang (Seite 165 ff.).

7. Horizont: Ihre Lebensvision

Wie sieht eigentlich Ihre persönliche Lebensvision aus? Haben Sie eine Vorstellung von Ihrem Lebensziel oder gibt es mehrere? Diese langfristigste aller Perspektiven ist der Orientierungspunkt für alles, was Sie in Ihrem Leben sonst noch planen und entscheiden – und zwar in jeder Ihrer Rollen. Nehmen Sie sich daher ausreichend Zeit, um Ihre ganz eigene Vision zu formulieren. Und keine Sorge: Sie legen sich damit nicht ein für allemal fest. Mindestens einmal im Jahr, bei Ihrer Jahresplanung, überdenken Sie Ihr Gesamtkonzept und ändern es, falls nötig.

6. Horizont: Ihre nächste Lebensperiode

Stehen Sie schon bald vor einem entscheidenden Karriereschritt? Oder werden Ihre Kinder in absehbarer Zeit aus dem Haus gehen? Die Periodenplanung richtet sich auf die Zeit bis zur nächsten Schwelle in Ihrem Leben, die Sie passieren werden. Steht keine einschneidende Änderung an, können Sie auch eine beliebige Zeitspanne wählen – zum Beispiel die nächsten zehn Jahre. Doch bevor Sie eine solche Lebensperiode planen, blicken Sie erst einmal die gleiche Zeitspanne zurück. Was haben Sie in den letzten zehn Jahren geschafft? Welche dieser Erfahrungen können Sie für zukünftige Planungen nutzen?

5. Horizont: Ihr nächstes Jahr

Beginnen Sie auch hier mit einem Rückblick. Was haben Sie im vergangenen Jahr auf die Beine gestellt? Wie stand es um Ihre Balance in den vier Lebensbereichen? Was möchten Sie im kommenden Jahr anders machen? Legen Sie Ihre Ziele für jede Ihrer Rollen und im Hinblick auf jeden Lebensbereich fest.

4. Horizont: nächstes Quartal

Niemand kann die Entwicklung eines ganzen Jahres genau vorhersagen. Deshalb empfiehlt es sich, die Jahresplanung im Abstand von drei Monaten zu prüfen und anzupassen.

3. Horizont: nächster Monat

Halten Sie vor Beginn jeden Monats inne: Haben Sie Ihre langfristigen Ziele noch im Blick? Stimmt die Balance? Oder haben Sie sich in der Hektik des Alltags von Ihrem Weg abbringen lassen? Wenn Sie etwas verändern möchten, fixieren Sie das am besten sofort durch konkrete Termine in Ihrem Kalender.

2. Horizont: kommende Woche

Zeitmanagement-Experten sind sich darüber einig: Die Woche ist die ideale strategische Planungseinheit, um persönliche Ziele zu erreichen und dabei in Balance zu bleiben. Blicken Sie kurz auf Ihre vergangene Woche zurück, ziehen Sie Bilanz, setzen Sie Ihre Prioritäten und planen Sie die kommende Woche – am besten am Wochenende, spätestens am Montagmorgen.

1. Horizont: heute

Ohne Tagesplanung und konkrete Arbeitsschritte verzetteln Sie sich oder gehen in Hektik unter. Dann reagieren Sie mehr auf Außenreize, als dass Sie selbstbestimmt agieren. Nehmen Sie sich also die Zeit für einen Rückblick auf den vergangenen Tag und erstellen vor diesem Hintergrund Ihren Tagesplan. Berücksichtigen Sie dabei alle Lebensbereiche, denn: Ihr Leben findet heute statt!

SO PLANEN SIE IN SIEBEN ZEITHORIZONTEN

Aktion

Langfristige Planung	Zeitaufwand/Zeitpunkt	Inhalte
Lebensvision	1 bis 3 Tage/Jahreswechsel	Lebenssinn und Werte, Wünsche und Träume, Lebensziele und -planung
Periodenplanung	zusammen mit Lebensvision	Periodenrückblick, Periodenziele und -planung
Mittelfristige Planung	**Zeitaufwand/Zeitpunkt**	**Inhalte**
Jahresplanung	1 Tag/Jahreswechsel	Jahresrückblick, Jahresziele und -planung
Quartalsplanung	2 bis 3 Stunden/ vor Quartalsende	Quartalsrückblick, Quartalsziele und -planung
Kurzfristige Planung	**Zeitaufwand/Zeitpunkt**	**Inhalte**
Monatsplanung	1 Stunde/zum Monatsende	Monatsrückblick, Monatsziele und -planung
Wochenplanung	0,5 Stunden/Wochenende	Wochenrückblick, Wochenziele und -planung
Tagesplanung	ca. 15 Minuten/am Vorabend oder am frühen Morgen	Tagesrückblick, Tagesziele und -planung

ACHT GUTE GRÜNDE FÜRS ZEITMANAGEMENT

Schenken Sie sich selbst etwas Großes, Unbezahlbares: Mehr Zeit! So gewinnen Sie auf ganzer Linie: Sie sind entspannter im Job und haben mehr Spaß mit Ihrer Familie und Ihren Freunden. Sie fühlen sich leistungsfähiger, weil Ihr Stresspegel sinkt. Und plötzlich haben Sie auch wieder Zeit für Schönes: Musik hören, Lesen, Nichtstun ...

1 Sie sind raus aus dem Hamsterrad, haben Schluss gemacht mit Hektik und Stress. Ihr Magen drückt nicht mehr, Ihre seit Jahren hochgezogenen Schultern sind wieder weich und beweglich. Sie haben Ihren Blick für Ihre inneren und äußeren Widersacher geschärft. Jetzt können Ihnen weder die gesprächige Kollegin noch Ihr eigener Schweinehund ungefragt Zeit stehlen. Viele Vorstellungen darüber, was Sie »unbedingt« tun müssen, haben Sie überprüft und schließlich über Bord geworfen. Jetzt ist es vollbracht – Sie haben sich mehr Freiraum geschaffen!

2 Sie haben mehr Zeit. Freuen Sie sich darüber! Sie brauchen diese Zeit nicht gleich wieder vollzustopfen mit neuen Verpflichtungen. Nutzen Sie stattdessen Ihre neu gewonnenen Zeitinseln, um die Füße hochzulegen. Dann kommen Ihnen von ganz allein die richtigen Ideen. Was wollten Sie schon lange gerne tun? Etwas Verrücktes mit Ihren Freunden unternehmen? Mal wieder ins Kino gehen oder gemütlich im Café sitzen? Oder mal so richtig lange ausschlafen?

Tun Sie einfach das, wonach Ihnen spontan ist – das wird Ihnen guttun!

3 Sie haben mehr Energie. Wenn Sie sich nicht mehr für andere aufreiben und Ihre zeitraubenden Gewohnheiten aufgegeben haben, haben Sie plötzlich viel mehr Power für sich selbst. Es steht Ihnen völlig frei, was Sie damit anfangen. Wichtig ist nur, dass Sie achtsam damit umgehen. Versuchen Sie, ein möglichst ausgeglichenes Verhältnis zwischen Ihren verschiedenen Lebensbereichen herzustellen – und tanken Sie rechtzeitig und ganz in Ruhe auf, bevor Ihre Energiereserven zur Neige gehen.

4 Sie können unterscheiden, was wirklich wichtig für Sie ist – und was nur wichtig scheint. Das gilt für Ihren Job genauso wie für Ihren Alltag. Seit Sie »wichtig« und »dringend« auseinanderhalten können, leben Sie viel selbstbewusster. Sie haben sich selbst an die Spitze Ihrer Prioritätenliste gestellt. Was andere von Ihnen wollen, steht frühestens an zweiter Stelle – wenn überhaupt.

Und siehe da: Plötzlich erreichen Sie Ihre Ziele viel schneller als je zuvor. Und dabei müssen Sie sich nicht einmal so anstrengen wie früher.

5 Sie sind sich über die verschiedenen Rollen in Ihrem Leben klar geworden. Es ist Ihnen bewusst, dass jede dieser Rollen eine Menge Zeit beansprucht. Nicht nur Ihre Job-Termine haben einen Eintrag in Ihrem Kalender verdient, sondern alle Beschäftigungen und Unternehmungen, die Ihnen guttun und Sie Ihren Zielen näher bringen. Und falls Sie sich zu viele Rollen aufgehalst haben, dann verabschieden Sie sich von der einen oder anderen – am besten von denjenigen, die Ihnen ohnehin nicht viel bedeuten. Dadurch haben Sie mehr Zeit für die anderen – die wichtigen. Das wird auch Ihre Mitmenschen freuen und Ihnen sicherlich einige Sympathiepunkte sichern!

6 Sie haben sich Gedanken über die Ziele gemacht, die Sie in jeder Ihrer Rollen erreichen wollen. Nun fühlen Sie sich viel ausgeglichener als vorher und können sich außerdem über einige Erfolge mehr in Ihrem Leben freuen. Es zählen schließlich nicht nur Ihre Etappensiege im Job, sondern auch die vielen kleinen Fortschritte, die Sie mit Ihren Kindern, Ihren Freunden oder einfach mit sich selbst machen.

7 Sie haben sich von falsch verstandener Disziplin befreit. Wenn Sie Ziele verfolgen, die wirklich Ihre eigenen sind, dann müssen Sie sich dafür weder quälen noch schinden. Durststrecken kann es natürlich immer geben, aber im Grunde machen Ihnen Ihre Projekte Spaß. Und zwar so viel, dass Sie morgens gerne aus Ihren warmen Federn kriechen und mit Ihrem Vorhaben starten.

8 Sie leben in Balance. Sie stecken nicht mehr Ihre ganze Energie in Ihren Job oder in Ihre Familie. Nein, Sie nehmen sich genug Zeit für beides – und mehr noch: Sie nehmen sich Zeit für Ihre Freunde, kümmern sich um Ihre Gesundheit und tanken Energie, indem Sie abschalten und beispielsweise mal ins Theater gehen. Nicht zuletzt setzen Sie sich mit der Frage aller Fragen auseinander: Was gibt dem Leben Sinn? Wenn Sie eine solche Balance hergestellt haben, werden Sie sich erfüllt und ausgeglichen fühlen – auch wenn Ihr Leben sicher ab und zu mal in eine Schieflage gerät. Das ist ganz normal und lässt sich durch ein gutes Zeitmanagement schnell wieder in die richtigen Bahnen lenken.

Problem Zeitmanagement

Wissen Sie, warum Ihr Schweinehund
so gerne Zeit vertrödelt? Können Sie
sich vorstellen, was er gegen all die
schönen Zeitmanagement-Konzepte
einzuwenden hat, die Sie ihm bisher
vorgeschlagen haben? Das erfahren
Sie in diesem Kapitel. Und wenn Sie
wissen, warum und mit welchen Argumenten er Ihre Vorhaben torpediert,
haben Sie den Anfang schon geschafft.

Lieber wursteln als wirken?

Wir lieben die Vollbeschäftigung. Aber was tun wir eigentlich den ganzen Tag? Oft geht es eher darum, sich ein wenig wichtig zu machen, als wirklich etwas Wichtiges zu tun. Lieber stecken wir unsere Energie in die schnell sichtbaren, aber völlig unbedeutenden Erfolge, statt wirklich große Projekte voranzutreiben. Doch warum tun wir das? Dahinter steckt unser innerer Schweinehund, der uns unangenehme Arbeiten oder Misserfolge vom Hals halten möchte.

Zeitmanagement macht keinen Spaß! Das geht schon Schulkindern so, die morgens nicht in die Socken kommen, nur knapp den Bus erwischen, unvollendete Deutschaufsätze abgeben, sich auf dem Heimweg vertrödeln und mit den Hausaufgaben viel zu spät anfangen, sodass sie noch am Abend damit beschäftigt sind. Auszubildende und Studenten machen es ähnlich – und auch Sachbearbeiter, Vertriebsleiter und Vorstandschefs kennen dieses Problem.

Unter dem Diktat der Uhr

Beobachten Sie mal ein Kleinkind beim Spielen. Es spielt beispielsweise mit Bauklötzen, entdeckt dann die bunten Illustrierten der Mama und räumt schließlich die Werkzeugkiste vom Papa aus. Die eine Attraktion löst die andere ab und das Kind versinkt völlig in seiner jeweiligen Beschäftigung. Es vergisst dabei die Zeit und bemerkt nicht einmal, dass es Hunger hat. Das ist es, was der

mehr und manche weniger. Und bei diesem »einigermaßen« bleibt es bei den meisten Menschen dann auch ein Leben lang. Dafür sorgt der innere Schweinehund, der im Grunde nichts anderes ist als das Kleinkind in uns. Das ist ganz menschlich und auch gut so. Denn zum Glück sind wir keine Maschinen, die im Sekundentakt ticken – auch wenn sich manch strenge Verfechter des Zeitmanagements das idealerweise so vorstellen.

Komplizierte Konzepte

Wahrscheinlich haben Sie schon mal das eine oder andere Buch zum Thema »Zeitmanagement« zur Hand genommen – und möglicherweise schnell wieder weggelegt. Die Vorstellung, lange Listen anzulegen, sich im Viertelstundentakt ständig zu kontrollieren und Tages- oder Wochenrückschauen zu halten, war Ihnen vielleicht völlig fremd. Mehr noch: Es brachte Ihren inneren Schweinehund augenblicklich auf die Barrikaden! Soll es denn so falsch gewesen sein, wie Sie bisher gelebt haben? Ihre Erfolge zeigen doch, dass Sie Ihre Zeit ganz gut im Griff haben – auch wenn Sie ganz anders vorgehen als in den Büchern empfohlen.

In der Tat: Viele der propagierten Rezepte scheinen sehr kompliziert. Also machen Sie es sich einfacher: Sie nehmen hier eine Anregung auf und da eine andere, versuchen verschiedene Systeme gleichzeitig und wenden jedes nur ein bisschen an. Vielleicht

Psychologe Mihaly Csikszentmihalyi als »Flow« bezeichnet hat – und genau das ist es, was wir uns als Erwachsene oft erst wieder mühsam erschließen müssen.

Erklären Sie diesem Kleinkind mal, dass es kurz vor 9 Uhr am Montag ist – also höchste Zeit für die Kinderkrippe. Oder dass es um 12.30 Uhr seinen Mittagsschlaf abhalten soll, egal womit es sich gerade beschäftigt. Natürlich hat es keine Lust, sein Spiel zu unterbrechen. Kinder schauen nicht auf die Uhr. Kinder interessieren sich nicht für Zeitplansysteme. Und sie haben auch keine Vorstellung davon, was Zeit eigentlich bedeutet – bis sie im Laufe ihrer Erziehung an den Rhythmus der Uhr angepasst werden – einigermaßen zumindest, das heißt: manche haben Sie einen Teil Ihrer Aufgaben und Termine handschriftlich im Kalender vermerkt, einen anderen Teil mit Haftnotizen dazugeklebt, wieder andere auf Ihre Schreibtischunterlage gekritzelt und ganz besonders wichtige in Ihrem Mobiltelefon eingespeichert. Manche Tätigkeiten haben Sie einfach als Gesamtpaket notiert – zum Beispiel »Eigenheim bauen«. Andere haben Sie wiederum so detailliert aufgedröselt, dass das Aufschreiben mancher To-do's mehr Zeit in Anspruch genommen hat als es das Erledigen der Aufgabe selbst getan hätte – wie beispielsweise eine kurze Bestätigung per Mail an den Kollegen Maier aus der Marketing-Abteilung schicken.

Zeitmanagement in dieser Art zu praktizieren, kann allerdings unangenehme Folgen für Sie haben:

- Sie haben keinen Überblick mehr über Ihre diversen Aufgaben.
- Ihnen geht so manches durch die Lappen.
- Sie schätzen Ihren Zeitaufwand falsch ein.

Dabei freut sich Ihr Schweinehund besonders darüber, dass

- Sie Ihre Überlastung nicht so deutlich sehen.
- Sie ungeliebte Aufgaben einfach vergessen.
- Sie nicht zum Knecht Ihres Zeitplans werden.

- _____
- _____
- _____

Zu strenge Systeme

Einige Zeitmanagement-Konzepte sind einfach zu starr: Sie plädieren für ein diszipliniertes Einhalten einmal aufgestellter Zeitpläne – ganz gleich, ob Sie gerade dringend eine außerplanmäßige Pause brauchen oder ob Sie sich für eine anstehende Aufgabe kreativ genug fühlen. Kein Wunder also, dass Ihr Schweinehund nicht die geringste Lust hat, sich so einem Regiment unterzuordnen. Wo bleibt denn da die Lebensfreude? Recht hat er: Wenn nämlich Zeitmanagement zum reinen Selbstzweck wird, bleibt die gute Laune auf der Strecke.

Das beschreibt der Autor Michael Ende bereits in den 70er Jahren in seinem Bestseller »Momo«: Hier versuchen ominöse »graue Herren« die Menschen zu immer eifrigerem Zeitsparen anzuhalten. Die so gewonnene Zeit reißen diese Herren an sich, um selbst davon zu leben. Die Menschen werden unterdessen allerdings immer verdrossener und verlieren jegliche Kreativität. Das kann doch aber nicht Sinn und Aufgabe des Zeitmanagements sein!

Für Sie heißt das: Lassen Sie Ihre Zeitpläne nicht zum Selbstzweck und erst recht nicht zur Obsession werden. Denken Sie immer auch an das »Wozu« – also daran, was Sie mit Ihrer dazugewonnenen Zeit anfangen können. So erhalten Sie sich die Motivation und die gute Laune gleichermaßen – und Sie werden auch nicht zu streng mit sich selbst.

Wenn Pläne nicht zu Ihnen passen

Sie haben schon mal ein Zeitmanagement-System ausprobiert – und es hat nicht funktioniert? Dann hat es vermutlich nicht zu Ihrer Persönlichkeit gepasst! Vielleicht brauchen Sie minutengenaue Zeitpläne, um sich gut organisieren und orientieren zu können. Oder – ganz im Gegenteil – Sie brauchen nur ein grobes Gerüst, weil Sie sich sonst zu unflexibel fühlen. Wenn Sie sich ein Zeitmanagement antrainieren, das nicht wirklich zu Ihnen passt, dann wird es nach kurzer Zeit zu einem bloßen Pro-forma-Spiel: Sie stellen Pläne auf und füllen Listen aus, erledigen tatsächlich aber etwas ganz anderes.

Damit Ihnen das nicht passiert, können Sie am Ende dieses Kapitels testen, welcher Zeitmanagement-Typ Sie sind. In Kapitel 3 »So gewinnen Sie Zeit im Job« und Kapitel 4 »Mehr Freizeit im Alltag« erfahren Sie dann, worauf es bei Ihrer persönlichen Zeitplanung im Detail ankommt.

Ihr Zeitgefühl

Je nachdem, aus welchem Kulturkreis Sie stammen, sind Sie mit einem ganz bestimmten Zeitgefühl aufgewachsen. Die Sozialforschung zeigt: Nordeuropäer sehen Ereignisse typischerweise als Einheiten, die nacheinander auf einer Zeitachse angeordnet sind. Sie sind ideale Kandidaten für Zeitplan-Systeme:

Im Mittelpunkt steht für sie immer die Erledigung von Aufgaben, während persönliche Bedürfnisse dafür zurückgestellt werden. Ganz anders aber ticken die Menschen in den Mittelmeerländern. Hier gilt Zeit nicht als eine lineare Achse, die für alle gleichermaßen verbindlich ist. Nein, hier lebt jeder seine eigene Zeit. Je höher jemand auf der sozialen Leiter steht, desto häufiger erlaubt er es sich beispielsweise, zu kommen und zu gehen, wann es ihm passt. Die persönlichen Bedürfnisse eines Chefs zählen im Zweifelsfall mehr als das, was irgendjemand als Agenda für eine Sitzung vorbereitet hat. Aus deutscher Perspektive erscheint ein solches Verhalten unverständlich, aus Sicht der Kollegen aus romanischen Ländern ist es sozial durchaus erwünscht.

Ihre Lebensumstände

Manchmal passen Zeitmanagement-Systeme auch überhaupt nicht zu den jeweiligen persönlichen Lebensumständen. Arbeiten Sie zum Beispiel in einer Nachrichtenagentur? Oder betreuen Sie einjährige Zwillinge? Dann können Sie Tipps wie »Schließen Sie Ihre Tür und konzentrieren Sie sich ein bis zwei Stunden nur auf Ihre Arbeit« überhaupt nicht gebrauchen. Ihr gesamter Tagesablauf ist davon bestimmt, dass Sie auf Abruf aufspringen und etwas tun. Sie können Ihren Ablauf für den nächsten Tag nicht am Vorabend planen, weil Sie nie genau wissen, was auf Sie zukommt. Dann stehen Sie da mit Ihrem schönen Zeitmanagement-Know-how und können es doch nicht anwenden. Vielleicht bekommen Sie sogar Selbstzweifel, weil Sie den Fehler bei sich selbst vermuten, wenn Ihr Zeitplan nicht funktioniert. Und dabei kann es ganz einfach an einem für Sie unpassenden Zeitmanagement-System liegen.

Ihr Schweinehund

Neben Ihrem Zeitgefühl und Ihren Lebensumständen kann es aber noch weitere Stolpersteine geben, die Ihnen Ihr innerer Schweinehund in den Weg legt. »Zeit gewinnen«?

Dazu hat Ihr Schweinehund überhaupt keine Lust, weil er sich darunter nichts vorstellen kann. »Mehr Zeit« ist einfach zu abstrakt. Viel mehr Freude bereiten ihm Erfolge, die schnell zu erreichen und gut sichtbar sind. Zum Beispiel: Ordnen und Verschönern. Wie befriedigend findet er es, auf eine aufgeräumte Bücherwand zu blicken. Oder auf viele Meter Büroordner, die Sie in stundenlanger Arbeit künstlerisch wertvoll beschriftet haben. Wie stolz ist er, wenn Sie neue Nummern in Ihr Telefon eingespeichert haben. Solche Ergebnisse sind bunt, konkret – für Schweinehunde einfach toll!

Oder: Koordinieren und Organisieren. Am liebsten mag der Schweinehund Dinge, die weder dringend noch wichtig sind, aber enorm viel Spaß machen. Mit wie vielen guten Gefühlen ist es doch verbunden, schon einmal Informationen für den Urlaub im übernächsten Jahr zu sammeln. Oder eine aufwendige Einladungskarte für das nächste Grillfest zu entwerfen.

Wenn Sie extra für diese Tätigkeiten von Ihrem eigentlichen Zeitplan abweichen, fühlt sich der Schweinehund möglicherweise gleich doppelt gut. Er hat Ihnen nicht nur den Spaß an einem schnellen Erfolg ermöglicht, sondern zusätzlich ein unbändiges Gefühl von Freiheit und Autonomie vermittelt. Sie haben sich ganz frech über Ihren Zeitplan hinweggesetzt – auch wenn es Ihr eigener war! Vielleicht empfindet Ihr Schweinehund ein ähnliches Kribbeln wie damals, als Sie gemeinsam Schulstunden schwänzten.

Gutes Zeitmanagement ist (fast) unsichtbar

Es gibt noch einen Grund, warum gutes Zeitmanagement so schwer fällt: Andere bemerken es kaum. Vor allem im Job – und vor allem dann, wenn Sie Ihre Zeit schon vorher einigermaßen im Griff hatten und sich jetzt »nur« noch ein wenig verbessern.
Stellen Sie sich vor: Sie kommen nicht zu spät zum Meeting. Sie fühlen sich nicht gestresst. Sie haben am Vorabend keine Überstunden gemacht. Ihr Schreibtisch quillt momentan nicht über. Würde Sie darauf irgendjemand ansprechen? Wahrscheinlich nicht, denn Überstunden, Stress und Überlastung gelten in den meisten Unternehmen als ganz normal, in vielen Betrieben sogar als vorbildlich oder heldenhaft.

VORSICHT MOGELPACKUNG!

Immer wieder versuchen wir neue Möglichkeiten der Zeitersparnis auszutesten. Doch viele Mittel und Produkte, die beim Zeitsparen helfen sollen, erweisen sich als Mogelpackung. Sie funktionieren nämlich nach dem Motto: »Geht schneller, dauert aber länger.« Das gilt zum Beispiel für Computerprogramme, die das Planen und Organisieren erleichtern sollen, aber erst einmal in stundenlanger Arbeit eingerichtet und erlernt werden müssen, um sich dann als äußerst fehleranfällig zu erweisen. Tückisch sind auch die Angebote von Versandhäusern: »Ich habe keine Zeit, in die Stadt zu fahren, da bestelle ich die Sachen lieber und lasse sie mir nach Hause liefern«, denken Sie sich vielleicht. Und brüten dann stundenlang über Katalogen oder Online-Shops, bestellen nach langem Hin und Her, warten im Postamt in der Schlange auf Ihr Paket, weil der Fahrer Sie nicht angetroffen hat. Dann schleppen Sie es nach Hause, packen die Waren aus und packen die Retoure schließlich wieder ein, um dann noch einmal zur Post zu fahren, wo Sie wiederum eine Viertelstunde am Schalter warten müssen. Und wo versteckt sich hier nun die Zeitersparnis?

Know-how

Kein Feedback im Job

Wer seine Zeit gut im Griff hat, wird das vermutlich nicht unbedingt an die große Glocke hängen wollen – man könnte ihm ja Faulheit unterstellen oder ihm noch mehr Arbeit zusätzlich aufhalsen. Und dass jemand seine Zeit gut im Griff hat, wird oft gar nicht wahrgenommen – schließlich läuft alles unauffällig reibungslos. Viel eher fällt jemand auf, der seine Termine nicht einhält.

Wie gewonnen, so zerronnen

Für Ihre durch ein gutes Zeitmanagement dazugewonnenen Stunden müssen Sie sich also – zumindest im Job – wahrscheinlich ganz im Stillen selbst feiern. Anders dagegen könnte es bei Ihnen zu Hause aussehen, wenn Sie plötzlich schon nachmittags auf der Matte stehen und mit dem Ausruf »Wer kommt mit ins Schwimmbad?« für Erstaunen sorgen. Aber auch hier gilt, sich vor neuen Fallen in Acht zu nehmen. Ihre Familie und auch Sie selbst gewöhnen sich sehr schnell an Ihre neue Freizeit. Und ruckzuck füllt sie sich wieder mit kleinen Pflichtübungen oder Wursteleien in Haus und Garten.

Schummeln ist leicht

Weil gutes Zeitmanagement anderen meist gar nicht auffällt, scheint schlechtes gar nicht so schlimm zu sein. Es merkt ja doch keiner, wenn hier oder da schon wieder eine halbe Stunde, zwei Stunden oder ein ganzer Nachmittag vertrödelt werden. Das weiß Ihr innerer Schweinehund genau. Deshalb hat er auch gar keine Skrupel, Sie zum Schummeln zu verführen. Ein Zeittagebuch zu schönen, geht so schnell und so leicht ... Es ist ihm dabei völlig gleichgültig, ob Sie dieses Buch für sich selbst oder für Ihren Chef führen. Hauptsache, Sie haben da Ergebnisse »schwarz auf weiß« stehen, mit denen Sie sich gut fühlen.

Was ist »Zeit«?

Gutes Zeitmanagement stellt sich also aus verschiedenen Gründen als schwierig dar. Dazu kommt noch eine ganz grundlegende Tatsache: Die Vorstellung, »Zeit zu haben« oder »Keine Zeit zu haben«, ist im Grunde falsch. Denn »Zeit an sich« gibt es gar nicht – es gibt sie nur für uns, weil wir sie uns ausgedacht haben. Und warum? Überall, wo Menschen aufeinandertreffen oder zusammen leben, müssen sie sich koordinieren. In kleinen Gruppen, wie etwa einem traditionellen Stamm in Papua-Neuguinea oder auch einem kleinen Trupp befreundeter Camping-Urlauber reichen grobe Zeitabsprachen in der Art: «Bei Sonnenuntergang« oder »Wenn das Fleisch gar ist«. In unserer modernen, differenzierten Gesellschaft und dabei vor allem in der globalisierten Arbeitswelt sind solche natürlichen Rhythmen zu ungenau – hier sind eine weltweit einheitliche Zeitkoordination sowie präzise Absprachen erforderlich.

Weltweite Beschleunigung

Da Unternehmen meist dann besonders profitabel arbeiten, wenn sie schneller sind als ihre Mitbewerber, steht die ständige Beschleunigung aller Prozesse überall auf der Tagesordnung. Laut Dr. Christiane Müller-Wichmann von der Deutschen Gesellschaft für Zeitpolitik geht diese Entwicklung einher mit einem Qualitätswandel, häufig einem Qualitätsverlust von Zeit, sowie – paradoxerweise – einer Zeitverknappung. Denn je stärker Unternehmen ihre Zeit im Sekundentakt planen, desto mehr gilt es zu organisieren und zu koordinieren. Und desto stressiger und pannenanfälliger wird die ganze Sache. Denken Sie zum Beispiel an die Autoproduktion, wo Einzelteile punktgenau direkt ans Fließband geliefert werden.

Zeitnot betrifft alle

Wahrscheinlich haben Sie es längst selbst bemerkt: Zunehmende Zeitnot macht auch vor Ihrem Privatleben nicht Halt! Sie müssen Arbeitszeiten, Auto-, Bahn- und Busfahrzeiten, Öffnungszeiten von Schule, Kindergarten und Krippe, von Supermarkt, Postamt, Bibliothek und Sportverein aufeinander abstimmen – und dann vielleicht sogar noch die Sendezeiten Ihrer Lieblings-TV-Sendungen. So kommt es ständig zu Konflikten zwischen Arbeit und Freizeit, zwischen Kollegen, Familienmitgliedern und Freunden. Umso mehr, als es immer weniger gemeinsame

Wusst' ich's doch!

Ich sag's ja immer: Sie sind nicht allein mit Ihrer Zeitnot. Ihr Druck, Ihr Stress und Ihre Hektik sind nicht nur hausgemacht. Nein – Sie können kaum raus aus dem Hamsterrad, weil die ganze Welt im Turbotempo rast. Stecken Sie also nicht zu viel Energie in Ihr Zeitmanagement – Sie werden Ihren Zeitdruck sowieso nicht los. Im Gegenteil: Je kleinteiliger Sie planen, desto eher werden Sie von Zwischenfällen aus der Bahn geworfen, und Sie brauchen wieder viel Zeit, um Ihren Zeitplan neu aufzustellen. Versuchen Sie lieber, ein wenig Abstand zu der ganzen Rennerei zu gewinnen. Wie das geht? Hören Sie einfach öfter auf meinen Rat. Ich verschaffe Ihnen gern mal eine Pause.

Rituale gibt – wie zum Beispiel gemeinsame Mahlzeiten. Zeitnot ist also der Preis, den wir für unser modernes, rasantes Leben und unsere weltweite Vernetzung zahlen.

So sabotiert Sie der Schweinehund

Ihr innerer Schweinehund selbst leidet überhaupt nicht unter »Aufschieberitis«, wenn es um die Sabotage Ihrer guten Vorsätze geht. Sobald er Wind davon bekommt, dass Sie Ihren Tag konsequenter strukturieren, effizienter arbeiten und sich das Wursteln abgewöhnen möchten, steigt er auf die Barrikaden. Im Gepäck hat er schlagkräftige Argumente und unzählige Ausreden, mit denen er Ihr Zeitmanagement kurzerhand zu Fall bringen möchte.

Sabotage in drei Phasen

Kaum zu glauben, aber wahr: Schweinehund Uli arbeitet äußerst zuverlässig und sehr systematisch, wenn er die Entschlüsse seines Menschen sabotiert. Hat er Sie nicht bereits im Vorfeld von einem Vorhaben abgebracht, stellt er Ihnen eben später ein Bein. Spätestens dann, wenn Sie schon mitten in der Ausführung Ihres Plans stecken. Als erfahrener Kämpfer hat Ihr Schweinehund seine

Angriffe ganz professionell in drei strategisch wichtige Phasen unterteilt:

- **Phase eins:** Er versucht, eine anstehende Entscheidung schon während der Entschlussphase zu verhindern.
- **Phase zwei:** Haben Sie dennoch eine Entscheidung getroffen, torpediert er Ihren Plan, indem er Sie zu unklaren Formulierungen verführt.
- **Phase drei:** Er stört Sie während der Umsetzung Ihres Plans.

Für jede dieser drei Phasen hat Ihr innerer Widersacher eine Fülle von Argumenten auf Lager, die er im Zweifelsfall auch im Sekundentakt abfeuert. Eine Liste mit seinen bevorzugten Aussprüchen finden Sie am Ende dieses Kapitels auf Seite 60.

Gezielter Schuss auf den Entschluss

Der Schweinehund ist tückisch: Er agiert schon, bevor Sie überhaupt den ersten Schritt getan haben. So bleiben seine Sabotageakte zum großen Teil völlig unbemerkt. Stellen Sie sich den typischen Angriff so vor: Ein kurzer Gedanke blitzt durch Ihr Hirn. »Ob ich diese Aufgabe nicht auch irgendwie schneller erledigen kann? Ich hätte gern mal wieder einen Abend ganz für mich allein.« Noch bevor Sie diesen Gedanken richtig zu Ende gedacht haben, torpediert Sie Ihr Schweinehund mit dem Argument: »Unsinn, das geht doch gar nicht!« Und schon ist die Sache vergessen. Das Ganze geht so schnell, dass es kaum eine Chance hat, in Ihr Bewusstsein vorzudringen. Und so kommt es, dass sehr viele Menschen so dicke Schweinehunde mit sich herumschleppen, ohne es zu bemerken.

Doch dank Uli, dem bekanntesten aller Schweinehunde, kommt jetzt Licht in die dunklen Machenschaften der borstigen Widersacher. Er hat nämlich auf der diesjährigen Konferenz versichert, dass die Schweinehunde im Grunde keinerlei bösartige Absichten hegen. Ganz im Gegenteil: Sie wollen ihre Frauchen und Herrchen vor unangenehmen Gefühlen bewahren – und halten sie deshalb von ihren Vorhaben ab. Auf Platz eins dieser Gefühle steht die Angst vor dem Ungewissen. Am liebsten möchten die Schweinehunde, dass alles schön beim Alten bleibt! Denn wer weiß schon, was neue Vorhaben für Unsicherheiten, Gefahren, Anstrengungen oder Kosten mit sich bringen?

Und das sind die zehn größten Ängste, die Ihr Schweinehund Ihnen vom Hals zu halten versucht:

1. Angst vor Kosten

»Weniger Überstunden? Unbezahlter Urlaub? Das können wir uns doch überhaupt nicht leisten!« Wenn Ihr Schweinehund so argumentiert, macht er es sich im Grunde ziemlich leicht. Er schwingt die Argumentationskeule des Sachzwangs – und dagegen kann man sich – vermeintlich! – überhaupt nicht wehren. Bei dem Gedanken an zu wenig Geld in Ihrer Kasse zieht sich Ihnen möglicherweise der Magen zusammen. Vielleicht hat Ihr Schweinehund auch die Angewohnheit, Ihnen kleine Horrorszenarien vor Ihr inneres Auge zu zaubern? Etwa dass Sie eines Tages mit Ihrer Familie frierend unter einer Brücke übernachten müssen. Oder irgendwann der Gerichtsvollzieher vor der Tür steht und in Ihrer Wohnung Kuckucks-Aufkleber verteilt. Ihr Schweinehund will Ihnen aber eigentlich gar keine Angst einjagen. Er will lediglich verhindern, dass sie in materielle Not geraten – manchmal übertreibt er es dabei eben ein bisschen. Erklären Sie Ihrem treuen Begleiter daher einmal ganz in Ruhe, dass sie statt Ängstlichkeit Muße benötigen. Denn genau die ist es, die Ihre Kreativität freisetzt. Und dass ebendiese guten Ideen Geld einbringen und für Ihre materielle Sicherheit sorgen.

2. Angst, sich von alten Gewohnheiten zu lösen

Vielleicht sehen Sie sich selbst als eine Art kreativer Chaot? Dann haben Sie Ihren unprofessionellen Umgang mit Zeit kurzerhand zu einem wichtigen Teil Ihrer Identität erklärt. Oder umgekehrt: Sie sehen Ihr leicht zwanghaftes Festhalten an einem einmal aufgestellten Zeitplan als einen positiven Zug Ihrer Persönlichkeit an. Kein Wunder, dass Ihr Schweinehund Alarm schlägt, sobald Sie sich mit dem Thema Zeitmanagement beschäftigen. Er möchte Sie vor dem Gefühl retten, nicht mehr Sie selbst zu sein, sobald Sie Ihre Gewohnheiten ändern. Beruhigen Sie Ihren Schweinehund – Ihre Individualität wird sich nicht in Luft auflösen, bloß weil Sie es geschafft haben, ein paar schlechte Angewohnheiten aufzugeben.

3. Angst, sich von alten Werten zu lösen

Allen antiautoritären Modewellen zum Trotz: Hierzulande haben viele Menschen eine eher gnadenlose Erziehung zu Fleiß und Pünktlichkeit durchlitten. Sie wurden zu frühem Aufstehen angehalten und dazu, ständig etwas Nützliches zu tun und keine Minute zu verplempern. Gehören Sie auch zu diesen Menschen? Dann bekommt Ihr innerer Schweinehund wahrscheinlich Angstzustände, sobald Sie einmal ausschlafen oder es sich auf dem Sofa gemütlich machen möchten. Es ist die gleiche Angst, die Sie vielleicht als Kind vor Ihren Eltern hatten. Und diese unschönen Gefühle möchte Ihr Schweinehund Ihnen gerne ersparen, indem er Sie – und das ist der Trugschluss – an Ihren Wertvorstellungen festhalten lässt.

Da hilft nur eine Runde Aufklärung: Machen Sie Ihrem Schweinehund klar, dass Sie längst nicht mehr von Ihren Eltern existenziell abhängig sind und daher auch die Freiheit haben, sich von deren Wertvorstellungen zu lösen. Und schließen Sie Frieden mit den alten Autoritäten. Sie wollten Ihnen mit ihren Erziehungsmethoden sicherlich nicht schaden, sondern waren ihrerseits gefangen in den Wertvorstellungen ihrer Generation und ihrer Kultur – hierzulande noch immer stark geprägt vom Einfluss der sogenannten protestantischen Arbeitsethik.

4. Angst, die Kontrolle zu verlieren

Je nach Naturell Ihres persönlichen Schweinehundes – dazu mehr im Typentest am Endes dieses Kapitels – haben Sie möglicherweise Angst, dass alles um Sie herum im Chaos versinkt, wenn Sie einmal nicht einem Plan folgen, sondern Ihrem Gefühl. Oder einfach mal Ihrem Bedürfnis nach einer Pause nachgehen. Das kann in Ihrer Vergangenheit begründet sein. Vielleicht sind Sie in chaotischen Verhaltnissen aufgewachsen, die Sie als sehr belastend empfunden haben? Sind in Ihrer Familie oft unvorhergesehene Dinge passiert? Haben Sie unterschwellig immer Veränderungen erwartet und verspürten dabei Angst? Dann sctzt Ihr Schweinehund alles daran, dass bei Ihnen heute alles schön nach Plan läuft und Sie Ihre Zeit immer unter Kontrolle haben.

5. Angst vor Widerstand

Sind Sie schlagfertig? Dann haben Sie und Ihr Schweinehund wahrscheinlich keine Angst vor blöden Sprüchen, die Sie sich anhören müssen, sobald Sie eine Änderung in Ihrem Verhalten zeigen: »Was ist denn mit Dir los? Du bist ja heute pünktlich!« Oder auch: »Wie, Du sitzt am helllichten Tag auf dem Sofa?« Doch falls Sie ein bisschen schüchtern sind, dann mag Ihr Schweinehund wahrscheinlich überhaupt keine Auseinandersetzungen. Es könnte sich ja jemand gestört fühlen – wenn Sie etwa neuerdings auf Pünktlichkeit pochen oder aber die Zügel ein wenig lockerer lassen als bisher. Und so versucht er lieber, Ihnen das Thema Zeitmanagement wieder auszureden.

6. Angst vor Nähe

Dieser Zusammenhang ist etwas verzwickt: Der Schweinehund kann Sie dazu verleiten, ständig herumzuwursteln, weil er andere Menschen auf Abstand halten will. Das gleiche Ziel erreicht er, indem er Sie ständig zu spät kommen oder Aufgaben vor sich herschieben lässt. »Solange die Leute sich über uns ärgern, machen sie einen schönen Bogen um uns«, ist sich der Schweinehund sicher. Doch warum das ganze Theater? Vielleicht haben Sie die Erfahrung gemacht, dass große Nähe zu anderen Menschen gleichbedeutend ist mit einem Gefühl der Enge oder Unfreiheit. Da stecken Sie lieber bis zum Hals in Arbeit als in belastenden Verbindlichkeiten oder emotionalen Konflikten.

7. Angst zu scheitern

Wer einen hohen Berg bezwingen will, muss immer einkalkulieren, dass er vielleicht nicht oben ankommt. Das Gefühl des Scheiterns ist natürlich unangenehm – deshalb plädiert der Schweinehund dafür, gleich unten im Tal zu bleiben. Und hat ein ganzes Arsenal an Argumenten parat:

- Unmöglichkeitsthese: »Das kann gar nicht funktionieren!«
- Verharmlosung: »Andere können das auch nicht und kommen trotzdem zurecht!«
- Kompetenzanzweiflungen: »Du hast nicht genug Kraft dazu.«
- Killerphrasen: »Das ist doch sowieso alles Quatsch!«
- Sinnfrage: »Ist das Ganze überhaupt wichtig?«

8. Angst vor Erfolg

Erfolg bringt Erfolg – und das macht dem Schweinehund Angst. Wenn Sie es nämlich endlich schaffen, jede Woche einen halben Tag Zeit herauszuschlagen, dann könnten Sie ja endlich das große Projekt angehen, das Sie schon jahrelang vor sich herschieben. Und diese Vorstellung verursacht bei Ihrem Schweinehund große Bedenken! Denn ein durchschlagender Erfolg würde gleichzeitig auch Neider auf den Plan bringen. Und deren Blicke und Sprüche kann der Schweinehund nur ganz schwer ertragen. Wie kann sein Mensch auch plausibel erklären, warum er seine Arbeit schneller und besser als alle anderen erledigt, ohne dass diese sich dadurch herabgesetzt fühlen? Nein, findet der Schweinehund, da sollen Sie lieber im allgemeinen Trott mitlaufen.

9. Angst, der Zeitverschwendung ins Auge zu sehen

Es ist nicht schön, die eigenen Schwächen zu betrachten: »So viel Zeit habe ich verschwendet?« Sie fühlen sich peinlich berührt oder sogar blamiert? Gefühle, die Ihnen der Schweinehund tunlichst vom Leibe halten möchte. Deshalb streut er Ihnen lieber ein wenig Sand in die Augen – und Sie können getrost weiterträumen. Es ist erstaunlich, wie gut diese Verschleierungstaktik funktioniert. So kann etwa ein Student jeden Tag stundenlang an seinem Modell-Hubschrauber herumbasteln, ohne sich dessen überhaupt bewusst zu sein. Dass er nach 18 Semestern immer noch kein Diplom in der Tasche hat, muss andere Gründe haben – davon ist zumindest sein Schweinehund fest überzeugt.

10. Angst vor dem Nichtstun

Auch das gibt es: Menschen, die sich unglücklich fühlen, sobald sie sich entspannen. Viele Menschen haben es verlernt, sich auch mal eine Erholungspause zu gönnen. Einfach mal nichts zu tun, ruft bei ihnen ein schlechtes Gewissen hervor. Das kommt dem Schweinehund ganz recht, denn wenn Sie wirklich mal die Seele baumeln und die Gedanken treiben lassen, könnten Sie dabei ja auch genauer über ihn nachdenken …

ZEIT GEWINNEN? DA MACHE ICH NICHT MIT!

Mit folgenden Argumenten möchte der Schweinehund Ihnen unangenehme Gefühle ersparen. Und bringt sie bereits an, bevor Sie überhaupt einen Entschluss gefasst haben:

1. Angst vor Kosten	»Ich kann es mir aus finanziellen Gründen nicht erlauben, weniger zu arbeiten.« »Zeit ist Geld. Mehr Freizeit heißt weniger Geld.«
2. Angst, sich von alten Gewohnheiten zu lösen	»Nach 20 Uhr bekomme ich in der Firma die besten Insider-Infos.« »Mein Ablage-System ist zwar kompliziert, funktioniert aber.«
3. Angst, sich von alten Werten zu lösen	»Morgenstund' hat Gold im Mund.« »Wer nicht arbeitet, soll auch nicht essen.«
4. Angst, die Kontrolle zu verlieren	»Wenn ich später als 6 Uhr aufstehe, verfalle ich dem Schlendrian.« »Ich kann das Telefon nach 17 Uhr doch nicht einfach klingeln lassen.«
5. Angst vor Widerstand	»Was wird mein Chef sagen, wenn ich pünktlich Feierabend machen will?« »Meine Familie gesteht mir einfach keine Zeit für mich allein zu!«
6. Angst vor Nähe	»Wenn ich mal etwas Zeit übrig habe, taucht bestimmt ungebeten die halbe Verwandtschaft auf.« »Ich habe keine Zeit, mit den Kollegen noch ein Bier trinken zu gehen, ich muss dringend meine Hemden bügeln.«
7. Angst zu scheitern	»Zeit gewinnen? Das kann doch gar nicht klappen.« »Zeitpläne funktionieren bei mir sowieso nicht.«
8. Angst vor Erfolg	»Wenn ich Zeit übrig habe, gibt mein Chef mir bestimmt noch anspruchsvollere Aufgaben.« »Wie soll ich meinen Kollegen erklären, dass ich die gleiche Aufgabe in der halben Zeit erledige?«
9. Angst, der Zeitverschwendung ins Auge zu sehen	»Es kann doch nicht sein, dass ich mein halbes Arbeitsleben verbummelt habe.« »Wer seine Hausarbeit gründlich erledigt, braucht eben viel Zeit dazu.«
10. Angst vor dem Nichtstun	»Wenn ich nichts zu tun habe, komme ich auf schlechte Gedanken.« »Ich fühle mich ganz kribbelig, sobald ich die Füße hochlege.«

Der Wurm in der Entscheidung

Angenommen, Sie konnten Ihren Entschluss aus der Schusslinie des Schweinehundes retten, weil Sie Ihre Ohren auf Durchzug gestellt haben oder Ihren treuen Begleiter von Ihrem Vorhaben überzeugen konnten. Herzlichen Glückwunsch! Level eins haben Sie schon geschafft. Aber jetzt kommt noch eine Herausforderung – Ihr Schweinehund wird nun versuchen, Ihre Entscheidung zu torpedieren. Er funkt in Ihre Formulierung hinein, bis sie in sich zusammenfällt. Besonders gern verführt er Sie zu sogenannten Wischiwaschi-Formulierungen:

1. Nebelmaschine

Manche seiner Tricks hat sich der Schweinehund im Showgeschäft abgeschaut. Zum Beispiel die Sache mit der Nebelmaschine: Sobald Sie Ihren Entschluss glasklar auf den Tisch gebracht haben, hüllt er ihn in Nebel ein und zaubert ihn ruckzuck weg. Und zwar mit einem kleinen Sprach-Trick – etwa so: Sie formulieren Ihre Vorsätze wie beispielsweise »Ich möchte effizienter arbeiten«, »Ich achte bewusster auf mein Zeitbudget« oder »Ich befasse mich mehr mit Zeitmanagement«. Unklar bleibt dabei allerdings, was »effizienter«, »bewusster« oder »mehr« heißen soll. Wo es keine Vergleichsgröße gibt, kann auch nichts gemessen werden. Und was nicht gemessen wird, kann auch nicht verbessert, sondern getrost vergessen werden. »Wunderbar, dann bleibt ja alles beim Alten«, denkt sich Ihr Schweinehund, packt seine Nebelmaschine wieder ein und macht es sich gemütlich.

2. Versuchslabor

Diese Idee hat der Schweinehund im Physikunterricht entwickelt: Seinem Lehrer missglückte beinahe jeder physikalische Versuch, er hatte aber immer die passenden Kommentare parat: »Dann will ich mal versuchen, ob es so klappt …«, »Und jetzt versuche ich es anders. Mal sehen, ob es gelingt …« Es blieb jedoch immer nur beim Versuchen – und daraus hat der kleine Schweinehund geschlossen: »Er will es gar nicht wirklich schaffen – er will es bloß versuchen!« Und genauso ist es: Wer nur versucht, ist ziemlich versucht, es beim Versuch zu belassen.

3. Herkulestaktik

Dieser Kniff ist dem Schweinehund bei einem Besuch im Comicladen eingefallen – und zwar vor dem Regal mit den Superhelden-Storys. »Warum sind diese Geschichten bloß so erfolgreich?«, hat er sich gefragt. Doch das ist ganz einfach zu erklären: Die Leser schwelgen gern in Größenphantasien – sie müssen sie ja nicht gleich umsetzen! Aus dieser Erkenntnis hat Ihr borstiger Begleiter die »Herkulestaktik« abgeleitet – und die funktioniert so: »Ab morgen stehe ich um 6.00 Uhr auf und halte mich ganz genau an meinen Zeitplan.« Oder auch: »Ab sofort bin ich der effizienteste Mitarbeiter in der ganzen Firma.« Klingt toll, nicht wahr?

Hat nur einen Haken: Solche Vorhaben werden zügig wieder zu den Akten gelegt, weil sie einfach nicht zu schaffen sind. Unrealistische Vorsätze erleiden ganz schnell Schiffbruch – und daher unterstützt Ihr Schweinehund Sie jederzeit gern beim Äußern überzogener Formulierungen.

4. Planlosigkeit

Dieses besonders wirksame Anti-Entscheidungsmittel hat sich der Schweinehund von einem durchschnittlichen Abteilungsmeeting abgeguckt. Dabei hat er irritiert festgestellt: »Jetzt haben sie drei Stunden getagt und sind kein bisschen weitergekommen!« Wie das? Alles wurde nur angesprochen, aber nichts entschieden. Es wurde dieses und jenes ins Auge gefasst, was später vielleicht auch einmal umgesetzt werden könnte. Was genau, von wem und bis wann – das kam nicht zur Sprache. »Kein Termin, keine Tat!«, freut sich der Schweinehund. »Alle können es sich wieder so gemütlich machen wie zuvor.«

Die Stolperfalle

Sind Sie der Wischiwaschi-Versuchung Ihres Widersachers entkommen? Hat Ihr Vorsatz die Entscheidungsphase heil überstanden? Dann haben Sie sich bereits eine Medaille verdient – aber nur für Ihren Etappensieg. Denn jetzt kommt es richtig dicke: Wenn Sie schon munter beim Umsetzen Ihrer Pläne sind, stellt Ihnen der Schweinehund nämlich gerne noch ein paar Stolperfallen auf:

1. Ablenkungsmanöver

Stellen Sie sich vor, Sie sitzen mit ihrem neuen Zeitplan um 8.00 Uhr startklar im Büro. Da ertönt das bekannte »Klong!« aus Ihrem Computer – Sie haben neue Mails bekommen. Unter anderem einen Link von Ihrem besten Freund mit dem Kommentar »Superlustig – unbedingt gucken!« Und so klicken Sie sich eine halbe Stunde lang durch diverse Filmchen und amüsieren sich köstlich. Ihre gute Laune sinkt allerdings schlagartig, als Sie bemerken, dass Sie schon wieder in eine Schweinehund-Falle geraten sind.

2. Ausnahmefalle

Sie haben sich vor einer Woche ein Zeitmanagement-System für Ihre Hausarbeit aufgestellt und wenden es seitdem erfolgreich an. Heute allerdings kommt der druckfrische Katalog Ihres Lieblingsmöbelhauses mit der Post. Sie brauchen zwar keine Möbel, haben sich aber schon lange auf den neuen Katalog

KENNEN SIE DIESE STOLPERFALLEN?

Damit Sie die Fallen Ihres Schweinehundes schon im Ansatz erkennen, gibt es hier eine Übung dazu: Ordnen Sie die Argumente den drei Stolperfallen zu. Setzen Sie die Ziffer 1 vor alle Aussagen aus der Kategorie Ablenkung, eine 2 bei allen Ausnahme-Argumenten und eine 3 für alle Sprüche, mit denen Sie der Schweinehund zum Abbruch bewegen will.

- Es hat ja doch keinen Sinn.
- Ich bin noch nicht richtig in Stimmung.
- Jetzt habe ich keine Lust mehr.
- Das ist doch jetzt eine besondere Situation.
- Lass uns noch schnell Kaffee trinken.
- Verdirb mir nicht den Spaß!
- Eine Ausnahme ist schon mal drin ...
- Nur noch mal schnell die Mails checken.
- Das ist doch viel zu anstrengend.
- Heute ging es halt nicht besser.
- Ich fange einfach einen Tag später an.
- In dieser Unordnung kann ich einfach nicht arbeiten.
- Das Ganze ist doch bloß eine Modeerscheinung.
- Das bringt doch alles gar nichts.

gefreut. Also machen Sie sich erst einmal einen Kaffee und blättern dann zwei Stunden genüsslich darin herum. Als Ihre Kinder aus der Schule kommen, haben Sie nicht einmal die Hälfte von dem geschafft, was Sie sich für den Vormittag vorgenommen hatten. Am Nachmittag strengen Sie sich deshalb nun doppelt an, können Ihren Zeitplan aber trotzdem nicht mehr einholen – und ärgern sich, dass Sie sich so einfach von Ihren Plänen haben abbringen lassen.

3. Abbruch

Angenommen, Sie praktizieren seit einem Monat Ihr neues Zeitmanagement. Es klappt ganz gut, doch Sie finden die ganze Sache ziemlich anstrengend. Sie können die Einteilung nach Prioritäten eh nicht leiden – und exakt nach der Uhr haben Sie sowieso noch nie gelebt. Als am nächsten Morgen Ihr Wecker um 7.00 Uhr klingelt, haben Sie die Nase voll. Sie schalten ihn ab, drehen sich um und schlafen erst einmal aus. »Geschafft! Nie wieder Zeitmanagement!«, raunt Ihr innerer Schweinehund zufrieden.

Beugen Sie deshalb den Stolperfallen Ihres borstigen Begleiters unbedingt vor! Für seine Sabotageakte sind Sie weitaus weniger anfällig, wenn Ihr Zeitmanagement gut zu Ihnen und Ihren Lebensumständen passt. Um das für Sie geeignete System auszuwählen, müssen Sie jedoch erst einmal wissen, welche Art von Zeitmanager Sie sind. Und das erfahren Sie im folgenden Test.

WAS FÜR EIN ZEITMANAGER SIND SIE?

Jeder braucht ein Zeitmanagement, das zu ihm passt. Es kursieren zahlreiche Einheitsrezepte – aber was haben Sie davon, wenn Sie sie nicht anwenden können? Fakt ist: Der eine braucht einen detaillierten Zeitplan, der andere nur einen groben. Der einen fällt es leicht, sich an Termine zu halten, die andere schafft es kaum. Mithilfe dieses Tests können Sie herausfinden, welcher Zeitmanager-Typ Sie sind. Kreuzen Sie einfach die Aussagen an, die am besten zu Ihnen passen. In den folgenden Kapiteln finden Sie dann maßgeschneiderte Tipps, wie Sie tatsächlich Zeit für sich gewinnen können.

1. IHR LEBENSSTIL

Wann stehen Sie morgens auf?

- Je nach den Erfordernissen des Tages. .... A
- Ganz nach Gefühl – mal früher, mal später. .... D
- Jeden Tag zur gleichen Zeit. .... B
- Das variiert zwischen 5 Uhr morgens und 15 Uhr. C

Wie gestalten Sie Ihre Mittagspause?

- Am liebsten esse ich täglich zur gleichen Zeit. .... B
- Mal lang, mal kurz – mal früh, mal spät – mal hier, mal da – wie es mir gerade einfällt. C
- So, dass es zu meinem Tagesplan passt. Wenn ich keine Zeit habe, muss die Mittagspause eben ausfallen. .... A
- Am liebsten ausgedehnt und in fröhlicher Runde. .... D

Wann machen Sie Feierabend?

- Wenn es spontan passt. C
- Wenn ich keine Lust mehr habe. .... D
- Das ist vom Tagesgeschäft abhängig. .... A
- Erst, wenn alles fertig ist. .... B

2. IHR ORGANISATIONSSTIL

Welche Rolle spielen Ziele bei Ihrer Planung?

- Im Job plane ich entsprechend denen des Teams, zu Hause orientiere ich mich an den unterschiedlichen Bedürfnissen aller. .... D
- Meine eigenen Ziele sind bei meiner Tages-, Wochen- und Jahresplanung zentral. .... A
- Ich plane eigentlich gar nicht, sondern tue, was mir gerade in den Sinn kommt oder was mir momentan am meisten Spaß macht. C
- Ich plane konsequent auf übergeordnete Ziele hin: Im Job sind das die Unternehmensziele, im Privaten geht es um eine sichere Zukunft für uns und unsere Kinder. .... B

Wie planen Sie Ihre Projekte?

- Ich beginne mit einem groben Plan, den ich dann immer weiter verfeinere – bis in die kleinsten Details. .... B
- Von kompliziertem Projektmanagement halte ich nichts. Ich stürze mich einfach ins Abenteuer. C
- Ich stelle einen logischen Projektplan mit einer realistischen Zeitplanung auf. .... A
- Ich setze mich mit allen Beteiligten zusammen, dann entwerfen wir den Plan gemeinsam. .... D

Wie weit planen Sie voraus?

- Nur soweit sich die Umsetzung realistisch abschätzen lässt. .... A
- Im Grunde habe ich mein ganzes Leben schon auf dem Reißbrett entworfen. .... B
- Ich schmiede gern zusammen mit anderen ganz große Zukunftspläne. .... D
- Überhaupt nicht. Woher soll ich jetzt schon wissen, was ich in fünf Minuten tun werde? C

Wie sieht Ihr Terminkalender aus?

- Es ist eine wilde Zettelsammlung: Überall stecken Notizzettel drin. Wichtige Termine markiere ich mit einem farbigen Stift und Klebepunkten. Oder ich knicke eine Ecke in die Seite. C
- Mein Terminkalender ist zugleich mein Tagebuch. .... D

- Mein Timer hat das größtmögliche Format. Ich fülle ihn detailliert mit einem feinen Druckbleistift aus. .... B
- Ich benutze einen elektronischen Kalender der neuesten Bauart. .... A

3. IHR ARBEITSSTIL

Welche Rolle spielt die Uhrzeit, während Sie arbeiten?

- Ich lebe exakt nach der Minute. .... B
- Ich schaue gelegentlich drauf, um mich zu orientieren. .... A
- Ich richte mich eher nach meinem Zeitgefühl als nach der Uhr. .... D
- Wo ist meine Uhr eigentlich? C

Wie gehen Sie mit Terminen um?

- Ich sehe Termine als grobe Orientierungspunkte an. .... D
- Realistische Terminvorgaben halte ich ein. .... A
- »Gut Ding braucht gut Weil.« C
- Ich richte mich eisern nach Terminvorgaben. .... B

Welche Art von Problemlösung streben Sie an?

- Die sicherste Lösung. .... B
- Die optimale Lösung. .... A
- Ich suche nach der besten Lösung für alle. .... D
- Ich finde immer mehrere Lösungsmöglichkeiten. C

Arbeiten Sie gern an mehreren Projekten gleichzeitig?

- Ja, in der Vielfalt fühle ich mich wohl. .... D
- Ich kann gar nicht anders. C
- Eher ungern – aber wenn es sein muss, dann kann ich das auch. .... A
- Nein, denn dann habe ich Angst, dass ich etwas aus dem Blick verliere. .... B

Arbeiten Sie kontinuierlich?

- Ja, immer! .... A
- Ich arbeite, wann es mir passt. C
- Unbedingt! .... B
- Nur wenn es mir gut geht, arbeite ich viel. ..... D

Sind Sie ein guter Teamworker?

- Eher nicht. Es macht mich nervös, wenn ich nicht sicher weiß, wer was genau tut oder lässt. .... B
- Ja, ich kann ohne Team gar nicht arbeiten. ..... D
- Ein Team ist für mich wie ein Getriebe. Greifen die Zahnräder gut ineinander, arbeite ich gerne mit. .... A
- Teams sind mir oft zu langsam. C

4. IHRE INNEREN WIDERSACHER

Fällt es Ihnen leicht, eine Arbeit zu beginnen?

- Ich muss immer erst warten, bis ich in Stimmung bin. .... D
- Manchmal fühle ich mich vor dem ersten Schritt etwas unsicher. .... B
- Ja. Ich tue das, was getan werden muss. .... A
- Es fällt mir sehr leicht, etwas zu beginnen. Meistens ist es aber nicht das, was ich eigentlich tun sollte. C

Wie überstehen Sie Durststrecken?

- Ich denke an die Notwendigkeiten und richte mich danach. .... A
- Wenn alle gut zusammenhalten, dann schaffen wir Durststrecken gemeinsam. Alleine bekomme ich so schlechte Laune, dass mir das Durchhalten sehr schwerfällt. .... D
- Eine Arbeit abzubrechen – davor hätte ich viel zu viel Angst. .... B
- Kommt eine Durststrecke, fange ich einfach etwas anderes an. C

Bringen Sie Ihre Aufgaben leicht zu Ende?

- Aus Perfektionismus finde ich manchmal den Schlusspunkt nicht. .... B
- Falls ich eine Sache überhaupt selbst zu Ende bringe, bin ich zum Schluss meistens schludrig. C
- Ja. Was fertig ist, das ist fertig. .... A
- Ja, wenn alle mitziehen. .... D

5. IHRE ÄUSSEREN WIDERSTÄNDE

Wie gehen Sie mit Störungen durch Ihre Kollegen oder Ihre Familie um?

- Ich unterbinde sie. .... A
- Ich erkläre höflich, dass ich keine Zeit habe. Dabei habe ich aber immer auch Bedenken, dass mir jemand böse sein könnte. .... B
- Ich freue mich über jedes nette Gespräch. ..... D
- Gegen Störungen habe ich gar nichts. Dadurch kommen mir oft die besten Ideen. C

Wie reagieren Sie auf technische Pannen?

- Durch Pannen ist schon manche Erfindung zustande gekommen. C
- Ich bekomme Angst, dass ich meine Termine nicht halten kann. .... B
- So etwas wirft mich total zurück. .... D
- Ich lasse sie sofort beheben. .... A

Was machen Sie, wenn zu viele Informationen gleichzeitig auf Sie einströmen?

- Ich mache Überstunden, um den Überblick nicht zu verlieren. .... B
- Ich filtere rigoros. .... A
- Wenn ich weiß, dass jemand sich für etwas interessiert, gebe ich Informationen auch gerne weiter. .... D
- Zu viele Informationen kann es gar nicht geben. Alles ist doch irgendwie interessant. .. C

AUSWERTUNG

Zählen Sie nun bitte aus, welchen Buchstaben Sie wie oft angekreuzt haben:

A _____

B _____

C _____

D _____

Die Buchstaben stehen für vier verschiedene Zeitmanagement-Typen:

A   Der Effiziente
B   Der Zuverlässige
C   Der Spontane
D   Der Emotionale

Wahrscheinlich haben Sie einen Buchstaben am häufigsten angekreuzt, bei einem oder zwei weiteren aber auch einige Kreuze gesetzt und einen fast gar nicht gewählt. Das liegt daran, dass die meisten Menschen sogenannte Mischtypen sind – sie entsprechen nicht nur einem Typ, sondern vereinen mehrere Typenformen in sich.

Und wie sieht es bei Ihnen aus? Finden Sie sich in der beschriebenen Typologie wieder? Vielleicht vermissen Sie einige Aspekte? Auch das ist ganz normal, denn ein Test wie dieser kann immer nur eine grobe Einschätzung vermitteln. Lesen Sie deshalb auf jeden Fall auch die Profile der übrigen Zeitmanagement-Typen. Vielleicht stoßen Sie dort auf einige Ihrer Angewohnheiten oder Eigenschaften. Möglicherweise erkennen Sie aber auch Ihren Partner wieder? Oder Ihre Kinder, Ihren Chef oder Ihre Kollegen? Sind Sie eher amüsiert oder genervt, wenn Sie an deren eigentümliche Zeitmanagement-Methoden denken? Solange Sie deren Planung nicht betrifft oder sich negativ auf Ihre Zeiteinteilung auswirkt, sollten Sie darüber hinwegsehen – und nicht versuchen, andere Menschen

zu verändern. Außerdem: Niemand geht richtig oder falsch mit seiner Zeit um. Für jeden ist ein anderes Vorgehen stimmig. Deshalb schlagen Versuche, andere in Ihrem Sinne umzuerziehen, auch meistens fehl. Also: Seien Sie großzügig mit den Schweinehunden Ihrer Mitmenschen – schließlich haben Sie ja auch einen!

A Der effiziente Zeitmanager

Sie arbeiten präzise, logisch und bestimmt. Kein Wunder, dass Sie Ihr Zeitmanagement bereits vorbildlich im Griff haben. Dennoch sind Sie überzeugt davon, dass Sie es noch weiter optimieren können. In der Tat: Hier und da können Sie sicherlich noch etwas effizienter werden – aber das ist Feintuning für Fortgeschrittene (mehr dazu in den Kapiteln 3 »So gewinnen Sie Zeit im Job« und 4 »Mehr Freizeit im Alltag«). Ihre Herausforderung ist etwas anders gelagert: Weil Sie sich so sehr auf Leistung und Effizienz konzentrieren, erscheinen Sie manchmal als etwas streng, kühl, vielleicht sogar rücksichtslos. Versuchen Sie mal, die Zügel etwas lockerer zu lassen. Horchen Sie ab und zu in sich hinein: Wie geht es Ihnen eigentlich? Und schauen Sie auch auf Ihre Mitmenschen: Alles im Lot im zwischenmenschlichen Bereich? Wenn Sie das auf den ersten Blick nicht erkennen können, fragen Sie doch einfach mal nach. Am besten sprechen Sie darüber mit Zeitmanagern des »spontanen« oder – besser noch – des »emotionalen« Typus.

B Der zuverlässige Zeitmanager

Sie gelten als äußerst sorgfältig, zuverlässig und diszipliniert. In Sachen Zeitplanung kann Ihnen eigentlich niemand etwas vormachen. Und doch fühlen Sie sich oft unsicher, manchmal sogar richtig ängstlich? Das genau ist der Grund dafür, dass Sie sehr detaillierte und ausgeklügelte Zeitpläne aufstellen. Leider engen Sie sich dadurch aber auch ganz schön ein: Sie sind ständig damit beschäftigt, Ihre Pläne zu aktualisieren, umzustellen, weiterzuentwickeln – und das neben Ihrer eigentlichen Arbeit! Versuchen Sie also, sich zu entspannen. Ihr Zeitmanagement ist so perfekt, dass Sie gewiss nicht im Chaos versinken, wenn Sie zukünftig nur halb so viel Zeit in Ihre Planung investieren. Beobachten Sie mal die »spontanen« Zeitmanager um sich herum – auch wenn Ihnen deren Stil vielleicht arg auf die Nerven fällt. Hier können Sie sehen, wie gut manches funktioniert, obwohl es kaum geplant wurde. Tipps für ein Zeitplansystem, das Ihnen Sicherheit gibt und gleichzeitig Freiräume offen hält, finden Sie in Kapitel 3 und 4.

C Der spontane Zeitmanager

Sie sind kreativ, haben viel Phantasie und lieben das Abenteuer. Was Sie wann tun oder lassen, richtet sich immer nach Ihrer momentanen Lust und Laune. Mit Zeitplänen und Terminvorgaben können Sie demnach überhaupt nichts anfangen. Das geht so lange gut, wie Ihre Umgebung sich darauf einstellen kann und mehr von Ihren Ideen profitiert, als dass sie unter Ihrer Spontaneität leidet – oder unter Ihrer Unzuverlässigkeit. Tatsächlich gehen die meisten Innovationen von Ihnen aus – zu Hause wie auch im Unternehmen: Sie sorgen ständig für neue Impulse und gleichzeitig für eine Menge Spaß. Aber auch für ziemlich viel Chaos, von dem Sie gelegentlich auch selbst genervt sind. Wünschen Sie sich daher manchmal ein bisschen mehr Struktur in Ihrem Leben? Wenn möglich, sollten Sie sich im Job und im Privatleben mit effizienten oder auch zuverlässigen, um nicht zu sagen sicherheitsbedürftigen Zeitplanern zusammensetzen. Reibereien lassen sich dabei zwar nicht vermeiden, doch beide Seiten werden profitieren: Sie bringen Schwung in den Laden, während Ihre Gegenspieler den Überblick behalten. Lesen Sie außerdem im dritten und vierten Kapitel, wie Sie ein Zeitmanagement auf die Beine stellen, das Ihnen das schlimmste Chaos vom Leib hält und gleichzeitig Ihre Spontaneität nicht zu sehr einschränkt.

D Der emotionale Zeitmanager

Sie haben Ihre Mitmenschen immer im Blick – seien es Ihre Kollegen oder Ihre Familie. Ganz gleich, wie Ihr Zeitplan aussieht: Für Sie gehen die Menschen immer vor. Das gilt auch für Ihr eigenes Bedürfnis nach kreativen Pausen, nach Gesprächen oder einfach danach, Ihren Gedanken und Gefühlen nachzuhängen. Die Folge ist, dass Sie zwar sehr beliebt sind, Ihre Arbeit aber oft nicht rechtzeitig fertig bekommen. Häufig verlieren Sie sich auch in Hilfeleistungen für andere und vergessen darüber Ihre eigenen Pläne. Wenn Sie den Wunsch nach mehr Professionalität und etwas weniger Sentimentalität verspüren, dann sollten Sie den Austausch mit einem effizienten Zeitmanager suchen. Wahrscheinlich wird Ihnen seine Art zunächst befremdlich erscheinen, doch lassen Sie die Eindrücke auf sich wirken – sicher können Sie die eine oder andere Anregung bekommen. Schauen Sie auch in den Kapiteln »So gewinnen Sie Zeit im Job« und »Mehr Zeit im Alltag« nach, welche Art von Zeitmanagement zu Ihren Bedürfnissen passen könnte.

3

So gewinnen Sie Zeit im Job

Zeitmanagement geht im Grunde ganz einfach. Sie brauchen nur ein System, das wirklich zu Ihnen passt: Zu Ihrer Persönlichkeit, zu Ihrem Job und zu Ihrem inneren Schweinehund. Hier erfahren Sie, wie Sie so einen Zeitplan aufstellen. Und was Sie davon haben: Mehr Zeit für das, was Ihnen wirklich wichtig ist. Und auch Zeit dafür, einfach mal gar nichts zu tun.

Anfangen –
leicht gemacht

Entspannen Sie sich: Ihr neues Zeitmanagement wird alles andere sein als ein enges Korsett, in das Sie sich hineinzwängen müssen. Ganz im Gegenteil: Es soll Ihnen mehr Freiheit ermöglichen. Die Freiheit, endlich das zu tun, was Ihnen wichtig ist. Die Freiheit, auch mal auf Ihren Schweinehund zu hören – und zwar, weil Sie es für richtig halten, und nicht, weil Sie vor Erschöpfung nicht mehr anders können. Freuen Sie sich auf Ihre neue Zeit!

Sitzen Sie mit gespitztem Bleistift und steilen Stirnfalten an Ihrem Schreibtisch? Erwarten Sie nun einen Appell an Ihre Disziplin und an Ihre Willenskraft? Haben Sie sich bereits auf den Kauf eines komplex organisierten Terminkalenders eingestellt? Steht Ihr Schweinehund breitbeinig und in voller Alarmbereitschaft vor Ihnen? Dann machen Sie es sich jetzt erst einmal gemütlich: Ziehen Sie sich etwas Bequemes an, kochen Sie sich einen Tee oder Kaffee, legen Sie die Füße hoch und

schicken Sie Ihren Schweinehund zurück in sein Körbchen. Und das Wichtigste dabei ist: Atmen Sie ganz entspannt durch.

Gehen Sie's locker an

Zugegeben, das Thema Zeitmanagement ist nicht nur lustig. Umso wichtiger ist es, dass Sie es locker angehen. Die Sache soll Ihnen Spaß machen, sonst fährt Ihnen der Schweinehund sowieso in die Parade. Deshalb stellt

Ihnen dieses Buch keine komplizierten Systeme vor, bietet aber auch kein Patentrezept. Es gibt Ihnen vielmehr eine Menge Tipps, mit deren Hilfe Sie sich selbst ein Zeitplan-System zusammenstellen können. Eines, das sich ganz einfach anwenden lässt und wirklich zu Ihnen und Ihrem Leben passt.

Ganz wichtig: Erwarten Sie nicht zu viel auf einmal von sich selbst. Wenn Sie Hochsprung trainieren wollen, beginnen Sie ja auch nicht bei einer Höhe von 1,80 Meter. Legen Sie die Latte so, dass Sie gut drüberkommen – aber machen Sie es sich auch nicht zu einfach. Wenn Sie sich unterfordern, zieht Ihr Schweinehund nämlich auch nicht mit. Er liebt die Herausforderung, die gerade eben zu Ihrem Können passt. Und mit etwas Geschick können Sie ihn erfolgreich animieren: zum Beispiel zum Sport, indem Sie zunächst jeden Tag nur fünf Minuten joggen. Oder zum Entrümpeln, indem Sie erst einmal nur eine einzige Schublade ausmisten.

Was das richtige Maß für Sie ist, finden Sie leicht heraus. Überlegen Sie, was Sie in Ihrer Freizeit gerne tun. Kochen etwa? Dann probieren Sie wahrscheinlich am liebsten Rezepte aus, an die Sie sich bisher noch nicht gewagt haben, die Ihnen mit Ihrer Erfahrung aber wohl gelingen werden. Also: Eine kleine Herausforderung und ein bisschen Nervenkitzel, gepaart mit Vergnügen und einem zufriedenstellenden Ergebnis – und genau so kann auch Ihr Zeitmanagement aussehen!

Genießen Sie das Glück des Handelns

Das Glücksgefühl, das sich bei Ihnen angesichts Ihres gelungenen Menüs oder Ihrer erfolgreichen Zeitplanung einstellt, nennt man »Flow«: Sie gehen ganz auf in Ihrer Tätigkeit, Sie sind im Fluss, weil Sie sich gerade so an der Grenze Ihrer Fähigkeiten bewegen, dabei aber immer das Gefühl haben, Ihr Ziel zu erreichen. Und auch Ihr Schweinehund ist gerne mit von der Partie, weil Sie sich weder gestresst fühlen noch sich langweilen. Denn sowohl Über- als auch Unterforderung kann er schlecht ertragen und wird dann schnell aktiv, indem er einfach Ihre Pläne durchkreuzt …

Deshalb: Mit einer Zeitplanung, die Ihren Fähigkeiten und Bedürfnissen entspricht, bleiben Sie munter auf Trab, ohne sich völlig zu überfordern und auch ohne ermüdenden Leerlauf. Am Ende des Tages sind Sie stolz auf das, was Sie geschafft haben – und haben immer noch genügend Energie, um sich einen schönen Abend zu machen.

Müßiggang muss sein

Um Missverständnissen gleich vorzubeugen: Ihr neues Zeitmanagement ist nicht dazu da, dass Sie sich jeglichen Müßiggang abgewöhnen. Im Gegenteil: Es soll Ihnen dabei helfen, mehr Muße zu haben. Und zwar ganz offiziell – ohne sich die Momente der Ruhe durch Aufschieberei erschleichen zu müssen. Also ein mehrfacher Gewinn: Sie verfügen nicht nur über mehr freie Zeit, sondern Sie wissen auch ganz genau, wann Sie sie einplanen können. Und können sie dadurch auch endlich richtig genießen! Denn jede Stunde Müßiggang, in der Sie eigentlich etwas anderes hätten tun sollen, bringt etwa so viel Genuss mit sich wie ein heimlich verzehrtes Stück Sahnetorte während einer Diät. Gönnen Sie sich daher lieber Genuss ohne Reue! Dagegen wird auch Ihr Schweinehund garantiert nichts einzuwenden haben.

Sagen Sie Ja zu sich selbst

Haben Sie das Gefühl, in Ihrem Leben bisher eine Unmenge an Zeit vertrödelt zu haben? Oder sich über Jahre hinweg besinnungslos abgehetzt zu haben? Falls es so ist: Ärgern Sie sich darüber nicht, und schimpfen Sie deshalb nicht mit sich! Sie können es jetzt sowieso nicht mehr ändern. Sagen Sie lieber Ja zu dem, was war. Sie hatten sich – aus welchen Gründen auch immer – in der Vergangenheit ein Verhalten angewöhnt, das in der einen oder anderen Hinsicht vielleicht nicht ganz optimal war. Ziehen Sie lieber einen Schlussstrich darunter und beginnen Sie damit, es ab sofort besser zu machen!

Seien Sie nett zu Ihrem Schweinehund

Ein wichtiger Schritt in diese Richtung: Hören Sie auf, Ihren inneren Schweinehund mit pauschalen Schimpftiraden zu überziehen. Mit Sätzen wie »Immer bringst Du mich von meinen Vorhaben ab!« oder »Du machst mich zu einem kompletten Versager – deinetwegen kriege ich nichts auf die Reihe!« stacheln Sie Ihren treuen Begleiter nur zu noch wilderen Sabotageakten an. Außerdem untergraben Sie Ihr Selbstbewusstsein! Machen Sie sich – und Ihrem Schweinehund – lieber klar: Ihr Wert als Mensch hat überhaupt nichts damit zu tun, ob Sie bisher miserabel oder vorbildlich mit Ihrer Zeit umgegangen sind. Zeitplanung ist nur ein Aspekt in Ihrem Leben: Sie sind weder das permanente Chaos noch eine wandelnde Stoppuhr!

Setzen Sie die rosa Brille ab

Haben Sie den Test im zweiten Kapitel ausgefüllt? Dann wissen Sie ja jetzt in etwa, welcher Zeitmanagement-Typ Sie sind und können den nächsten Schritt tun. Finden Sie mit der folgenden Übung heraus, ob Ihr Schweinehund zur Aufschieberitis neigt oder unter chronischer Hetzerei leidet – oder beides.

AUFSCHIEBERITIS ODER HETZEREI?

Ganz gleich, ob Sie ein effizienter, zuverlässiger, ein spontaner oder ein emotionaler Zeitmanager sind – Ihr Schweinehund hat sein eigenes Tempo. Entweder liebt er es langsam oder er lebt auf der Überholspur. Manche Schweinehunde wechseln je nach Lebensbereich auch gerne mal das Tempo. Welches Ihrem widerborstigen Begleiter entspricht, erfahren Sie, indem Sie alle Aussagen ankreuzen, die für Sie zutreffen. Je mehr Punkte Sie pro Kategorie ankreuzen, desto ausgeprägter ist der Charakter Ihres Schweinehundes:

SCHNELL, SCHNELL!

- Ich drängle mich an der Supermarktkasse gelegentlich ein bisschen vor.
- Wenn die Ampel auf Grün springt, stehe ich schon auf dem Gaspedal.
- Auf der Autobahn fahre ich meist auf der linken Spur.
- Ich stelle gerne persönliche Temporekorde auf – mit dem Auto, im Job oder im Haushalt.
- Schon in der Schule hat es mir Spaß gemacht, Aufgaben schneller als andere zu lösen.
- Im Job schaffe ich es immer wieder, als Erster an Informationen zu kommen.
- Ich unterbreche Gesprächspartner oft, um für sie einen Satz zu Ende zu bringen.
- Wenn ich im Restaurant länger warten muss als andere Gäste, werde ich richtig wütend.

IMMER MIT DER RUHE …

- Manchmal bin ich ganz froh um einen Computerabsturz – dann habe ich einen guten Vorwand, nicht arbeiten zu können.
- Wenn ich etwas Neues beginnen muss, brauche ich mindestens eine halbe Stunde Anlaufzeit.
- Ich verbringe viel Zeit mit der Entscheidung, was ich wann tue – und ob ich es überhaupt tue.
- Nichts kann mich davon abhalten, in Ruhe meinen Kaffee auszutrinken.
- Wenn mich jemand um einen dringenden Gefallen bittet, habe ich grundsätzlich erst viel später Zeit dazu.
- Je hektischer meine Kollegen oder meine Familie werden, desto mehr schalte ich auf Schneckentempo um.
- Wenn ich mich verabredet habe, müssen andere meistens auf mich warten.
- Ich beginne ein Projekt erst, wenn die Zeit schon beinahe zu knapp wird.

Beobachten Sie sich im Alltag einmal selbst: Wie viel Zeit gewinnen Sie wirklich durch Ihre Hetzerei beziehungsweise durch Ihr Aufschieben? Welche Risiken nehmen Sie dabei bewusst in Kauf? Was fangen Sie mit dieser gewonnenen Zeit an und wie fühlen Sie sich dabei? Kurz: Lohnt sich der Stress tatsächlich?

Die Perspektive wechseln

Es ist nicht nur entscheidend, dass Sie sich einen positiven Blick auf sich und Ihren treuen Begleiter angewöhnen. Sehen Sie auch die Zeit selbst einmal aus einem neuen Blickwinkel. Sagen Sie nicht »Die Zeit vergeht so schnell, sie rinnt mir durch die Finger …«, sondern: »Jeden Tag entsteht so viel Zeit für mich – dass ich aus dem Vollen schöpfen kann.« Sagen Sie dies ruhig einmal laut. Spüren Sie, wie Ihr Schweinehund sich augenblicklich entspannt?

Sie wissen ja: Jeder Gedanke an Hektik, Anstrengung und Zeitmangel macht Ihren borstigen Begleiter nervös. Die Aussicht auf große Ressourcen dagegen stimmt ihn positiv. »So viel Zeit? Das ist ja toll. Dann lass uns entspannt etwas Schönes damit anfangen!«

An erster Stelle: Zeitgewinn

Einen ähnlich beruhigenden Effekt auf Ihren Schweinehund hat es, wenn Sie sagen: »Wir wollen Zeit gewinnen« statt »Wir müssen Zeit sparen.« Der Grund: Wenn Ihr innerer Widersacher weiß, dass es sich um eine freiwillige Übung handelt, packt er sein halbes Waffenarsenal gleich wieder ein. Merkt er zudem, dass Sie tatsächlich Zeit sparen können, räumt er auch die zweite Hälfte seines Sabotage-Equipments weg. Wenn Sie ihm noch zeigen, was Sie mit der gewonnenen Zeit Schönes zu tun gedenken, können Sie sich der Unterstützung Ihres Schweinehundes sicher sein.

Denken Sie farbig!

Malen Sie sich einen richtig tollen Urlaub ganz nach Ihrem Geschmack aus. Was kommt Ihnen in den Sinn? Bilder von Meer und Strand? Denken Sie an das Rauschen der Wellen? Oder an ein Gipfelkreuz unter strahlend blauem Himmel? Wahrscheinlich bekommen Sie dabei richtig Lust auf Urlaub. Stellen Sie sich nun eine Niederschlagskurve aus Ihrem Reiseführer vor. Und den aktuellen Wechselkurs. Und die Preistabellen aus dem Reiseprospekt. Macht das Lust auf Urlaub? Wohl kaum. Und genauso geht es auch Ihrem Schweinehund: Abstrakte Informationen in der Art »Wir gewinnen dadurch 28 Minuten …« motivieren ihn wenig. Wenn man ihm aber Situationen in bunten Bildern, mit guten Düften oder wohltuenden Geräuschen schmackhaft macht, möchte er am liebsten keine Sekunde mehr darauf warten. Malen Sie Ihrem Schweinehund also möglichst anschaulich aus, was Sie mit Ihrer gewonnenen Zeit vorhaben. Denn dann verwandelt er sich ruckzuck von einem kleinen Saboteur in einen großen Unterstützer. Wie Sie das am besten anstellen, erfahren Sie in der nächsten Übung.

Es lebe das Lustprinzip!

»Nach dem Lustprinzip zu arbeiten, ist eigentlich gar nicht so schlecht«, sagt Gitte Härter, Expertin für Selbstorganisation (siehe unter www.selbstmarketing.de/tipps/artikel/bib3/3_do.htm). Der Grund: Was Sie ger-

MACHEN SIE SICH EIN BILD!

Gedanken über Ihre Rollen und die damit verbundenen Ziele haben Sie sich ja bereits gemacht. Wählen Sie nun Ihre wichtigsten Ziele aus und finden Sie jeweils ein passendes Bild dafür. Das kann ein Zeitungsausschnitt sein, ein Foto oder auch ein Gegenstand. Zum Beispiel:

- eine Postkarte aus Großbritannien, weil Sie vorhaben, Ihr Englisch zu verbessern.

- ein Foto vom Meer, weil Sie nun jede Woche schwimmen gehen möchten.

- eine Theaterkritik aus der Zeitung, weil Sie regelmäßige Theaterbesuche planen.

Denken Sie nun an Ihre vier Lebensbereiche – wählen Sie die für Sie wichtigsten Punkte aus und suchen Sie nach Visualisierungen:

- die Visitenkarte eines Restaurants, in dem Sie nun regelmäßig essen gehen möchten.

- eine Fahrradklingel, weil Sie Ihrem Sohn das Fahrradfahren beibringen möchten.

- die Abbildung eines Marketing Awards, weil Sie diesen zusammen mit Ihrem Marketing-Team gerne gewinnen möchten.

- ein Bild des Gemeindehauses, dessen Bau Sie mit dem Kirchenvorstand betreuen.

Bauen Sie nun all Ihre Fundstücke so auf, dass Sie Ihnen täglich ins Auge springen. Entweder Sie hängen alles zusammen an eine Wand oder Sie verteilen es um sich herum – an Stellen in Ihrer Wohnung, an denen Sie sich die meiste Zeit aufhalten. Nehmen Sie die Sache aber nicht zu ernst: Sie sollen damit keinen Design-Preis gewinnen – es geht nur darum, dass Sie sich und Ihrem Schweinehund Ihre Ziele präsent machen und immer wieder vor Augen führen.

Wenn Sie aber kein visueller, sondern eher ein akustischer Typ sind, dann können Sie sich auch eine Musiksammlung zusammenstellen. Wählen Sie zu jedem Ihrer Ziele ein passendes Stück aus und hören Sie Ihre persönlichen Sampler so oft wie möglich an.

ne tun, das geht Ihnen leicht von der Hand. Je mehr Lust Sie auf eine Arbeit haben, desto schneller sind Sie damit fertig. Oder umgekehrt: Zwingen Sie sich zu einer Tätigkeit, wird es voraussichtlich eine ziemlich zähe Angelegenheit. Allerdings: »Der Berufsalltag besteht nun mal auch aus Dingen, die man weniger gerne tut«, räumt Härter ein. Diese lassen sich nicht einfach immer hintan-

stellen. Dazu zählen Sie vielleicht auch Ihre Zeitplanung und das Festlegen von Prioritäten. Doch jetzt kommt eine gute Nachricht: Sie klingt zunächst vielleicht etwas paradox, aber denken Sie mal darüber nach: Je besser Sie planen, desto mehr Freiräume haben Sie, um nach dem Lustprinzip vorzugehen. Für Ihren Schweinehund ist das allerdings ziemlich schwer zu verstehen. Er befürchtet, dass

Sie viel zu viel Freiheit und Kreativität aufgeben müssten, wenn Sie sich an Zeitpläne halten. Doch echte Kreativität ist nicht das Gleiche wie Chaos. Ganz im Gegenteil: Echte Kreativität kann nur in geordneten Strukturen wachsen. Stellen Sie sich einen Bildhauer vor, der in einem wilden Gefühlsausbruch einen Stein zertrümmert. Und nun einen anderen, der sein Material kennt, sein Handwerk beherrscht und beides dazu nutzt, seine Gefühle zum Ausdruck zu bringen. Welches Kunstwerk mag wohl überzeugender wirken?

Bieten Sie Ihrem Schweinehund Paroli!

Ist Ihr Schweinehund noch nicht überzeugt? Möchte er weiterhin, dass Sie spontan immer wieder mit etwas anderem beginnen statt konsequent Ihre Pläne umzusetzen? Dann entkräften Sie seine Maulereien mit alternativen Formulierungen aus dem Kasten.

Verhaltensänderungen brauchen Zeit

Bevor Sie nun mit Ihrem ganz persönlichen Zeitgewinn-Programm beginnen, noch eine kleine Warnung vorweg. Erwarten Sie kein Wunder über Nacht. Wenn Sie jemals versucht haben, jeden Morgen zu joggen, sich eine gesündere Ernährung angewöhnen oder die Unordnung in Ihrer Wohnung ein für allemal abgewöhnen wollten, wissen Sie ja, wie schwer das war. Ein paar Tage ging die Sache vielleicht gut, dann schlichen sich immer mehr Ausnahmen ein … und möglicherweise haben Sie Ihr Vorhaben dann

Aktion

ANTWORTEN SIE IHREM SCHWEINEHUND

Das flüstert Ihr Schweinehund:	Sagen Sie ihm stattdessen:
»Ich muss endlich fertig werden!«	»Ich möchte gerne anfangen!«
»Wie soll ich dieses Riesenvorhaben denn bloß schaffen?«	»Ich beginne erst einmal mit einem ersten, kleinen Schritt.«
»Wenn ich es tue, muss es auch perfekt werden.«	»Lieber mache ich etwas nur zu 80 Prozent gut, als zu 100 Prozent gar nicht.«
»Wie soll ich das denn neben all den anderen Dingen auch noch schaffen?«	»Am Ende wird für mich selbst mehr Zeit übrig bleiben als bisher.«

frustriert ganz an den Nagel gehängt? Verhaltensänderungen benötigen tatsächlich etwas Zeit. Schuld daran ist die Macht unserer alten Gewohnheiten: Sie stecken uns tief in den Knochen und in jeder einzelnen Gehirnzelle. Viele Verhaltensmuster laufen beinahe automatisch ab. Spielen Sie Klavier? Dann kennen Sie folgende Tücke: Sie haben ein neues Stück – und dabei eine Passage versehentlich falsch eingeübt. Den Fehler möchten Sie gerne ausmerzen, aber Ihre Finger spielen einfach immer wieder die alte Version. Und auch Ihre Ohren empfinden die fälschlicherweise antrainierte Melodie als richtig. Sie müssen die betreffende Passage also völlig neu einüben.

Den Berg überwinden

Wenn es Ihnen gelingt, Ihre neuen Verhaltensmuster über einen längeren Zeitraum durchzuhalten, dann greift langsam die »Umprogrammierung«. Je komplexer dabei die Gewohnheit, desto länger dauert die Verhaltensänderung – und desto schwerer fällt Ihnen der Anfang. Zu Beginn ist Ihre Anstrengung groß – und zwar um einiges größer als das Wohlgefühl, das Sie eigentlich erwartet haben. Doch irgendwann erreichen Sie den magischen Punkt, an dem sich das Blatt wendet: Plötzlich fällt Ihnen das neue Verhalten leicht. Und Sie können sich überhaupt nicht mehr vorstellen, zu Ihrem alten Verhalten zurückzukehren.

Schweinehunde-Training

Die Phase bis zu dem Punkt, an dem sich Aufwand und Gewinn in ein erträgliches – und später sogar positives – Verhältnis umdrehen, nutzt natürlich Ihr Schweinehund, um Ihnen Ihr Vorhaben madig zu machen. Lassen Sie sich davon nicht irritieren! Beginnen Sie Ihre Verhaltensänderung mit so kleinen Schritten, dass der Schweinehund sie zunächst kaum bemerkt. Vielleicht legen Sie pro Tag erst einmal eine einzige kleine Aktivität fest, die Sie zu einer bestimmten Uhrzeit und in einem bestimmten Tempo erledigen wollen. Oder stehen Sie jeden Morgen fünf Minuten früher auf. Wichtig ist, dass Sie auf eine kontinuierliche Wiederholung Ihrer neuen Gewohnheit achten – so schleift sie sich am besten ein. Und wenn Ihr Training moderat bleibt, wird Ihr Schweinehund auch mitmachen, ohne zu maulen.

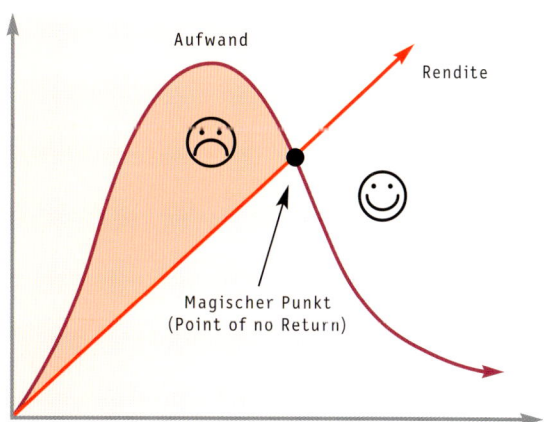

Zeit gewinnen in drei Schritten

Sie brauchen jetzt nur noch drei Schritte zu gehen – und schon sind Sie am Ziel. Sie haben mehr Zeit für sich gewonnen! Diese Etappen sind gut zu schaffen und bringen Sie ein ordentliches Stück weiter. Und das Beste: Jeder Schritt kann genau auf Ihre individuellen Bedürfnisse zugeschnitten werden. Deshalb wird Ihr kleiner Schweinehund auch gar nichts dagegen haben und Sie gerne begleiten.

Schritt 1: Klarheit durch Selbstbeobachtung

Im ersten Schritt müssen Sie noch gar nichts verändern. Es geht zunächst einmal nur um eine Bestandsaufnahme: Was tun Sie eigentlich den ganzen Tag? Wie funkt Ihnen Ihr innerer Schweinehund dazwischen, und wie gehen Sie mit diesen Störungen um? Das finden Sie am besten heraus, indem Sie Tagesprotokolle anfertigen. Zunächst eine Woche lang – wenn sich dann noch kein typisches Muster abbildet, noch weitere ein bis zwei Wochen. Wählen Sie ganz durchschnittliche Arbeitswochen, möglichst ohne besondere Ereignisse wie beispielsweise Messebesuche oder Projektabschlüsse.

»Tagesprotokoll« klingt in den Ohren Ihres treuen Begleiters wahrscheinlich schon wieder zum Davonlaufen. Schweinehunde verabscheuen Kontrollen jeder Art und Fleißarbeiten wie »Protokoll schreiben« erst recht.

Nennen Sie Ihre Aufzeichnungen bei Bedarf also einfach anders. Haben Sie vielleicht ein Faible für Weltraum-Serien oder die Seefahrt? Dann kaufen Sie sich eine glitzernde Kladde und schreiben »Logbuch« darauf. Wenn Sie eher romantisch veranlagt sind, legen Sie sich ein Poesiealbum als Tagebuch zu. Und wenn Sie markige Sprüche lieben, basteln Sie sich einen schönen Ordner mit dem Titel »Mehr Zeit für mich!«

Ihr persönliches Protokoll

Wie Sie Ihr Tagesprotokoll anlegen, ist erst einmal egal – Hauptsache, Sie tun es! Haben Sie bereits herausgefunden, welcher Typ Zeitmanager Sie sind (siehe Test, Seite 61 ff.)? Dann finden Sie hier einige Vorschläge, die auf die unterschiedlichen Bedürfnisse der verschiedenen Zeitmanagement-Typen zugeschnitten sind. Zusätzlich gibt es im Anhang eine Vorlage für ein Tagesprotokoll (Seite 169) – vielleicht ist diese genau die richtige Arbeitsgrundlage für Sie?

Für effiziente Zeitmanager

Ziehen Sie unbedingt nach jeder Arbeitseinheit Bilanz: Hören Sie genau hin, was Ihr Schweinehund Ihnen einflüstert, und notieren Sie es – so unverschämt oder merkwürdig

FÜR EFFIZIENTE ZEITMANAGER

Aktion

Uhrzeit	Tätigkeit (markiert = ungeplant)	Was sagte der Schweinehund? Was war seine Absicht?	Welche Störungen traten auf? Wie habe ich darauf reagiert?	Gedanken und Gefühle
8.00–10.00	Meeting	»Heute werfen wir die Tagesordnung gründlich über den Haufen!« Absicht: Meeting effektiver machen.	PowerPoint-Präsentation stürzte mehrfach ab: Habe die Sache in die Hand genommen und in Ordnung gebracht.	● Total genervt. Alles geht so langsam in diesem Laden. ● Bin dem Referenten auf den Schlips getreten.
10.00–10.30	Post- und Mail-Check	»Mal kurz durch ein paar Online-Jobbörsen surfen. Das merkt ja niemand.«	keine	● Schrecklich unsystematisch, diese Jobbörsen! ● Habe eine halbe Stunde verloren!
10.30–11.00	Surfen im Internet	Absicht: Perspektive für neuen Job entwickeln.		● Möchte gerne einen neuen Job...

es auch klingen mag. Ihre Reaktionen auf äußere Störungen sind wichtig, weil Sie dadurch feststellen können, ob Ihre Handlungen angemessen sind oder nicht. Formulieren Sie – auch wenn das gegen Ihre Gewohnheit ist – nicht nur, was Sie denken, sondern auch, wie Sie sich dabei fühlen. Das schärft Ihre Wahrnehmung für Ihre eigenen Bedürfnisse, aber auch dafür, was zwischenmenschlich um Sie herum geschieht.

Für zuverlässige Zeitmanager

Protokollieren Sie Ihren Tag im 15-Minuten-Rhythmus: Notieren Sie dabei auch alle Befürchtungen, Ängste und Sorgen, die Ihnen Ihr Schweinehund über den Tag hinweg einflüstert – auch wenn Ihnen das zunächst eigenartig oder sogar irrational vorkommt. Doch nehmen Sie Ihre Gefühle ernst – und analysieren Sie ausführlich, welche positiven Absichten dahinter stehen könnten.

Aktion

FÜR ZUVERLÄSSIGE ZEITMANAGER

Uhrzeit	Tätigkeit (markiert = ungeplant)	Was sagte der Schweinehund? Was war seine Absicht?	Welche Störungen traten auf? Wie habe ich darauf reagiert?	Gedanken und Gefühle
6.00	Aufstehen und für die Arbeit fertig machen	»Schnell, schnell! Nicht trödeln!« Absicht: Nicht zu spät zur Arbeit kommen.		● Fühle mich sehr müde. ● In welchem Hamsterrad renne ich eigentlich?
7.00 7.15 7.45	Abfahrt zur Arbeit Stau! Ankunft im Büro	»Die verlorene Zeit musst Du im Büro unbedingt wieder aufholen!« Absicht: Genug Zeit haben, um sich auf das Meeting vorzubereiten.	Während des Staus rast mein Puls, meine Hände zittern leicht.	● Fühle mich gestresst. ● Gedanken kreisen um meine lange To-do-Liste.

Für spontane Zeitmanager

Lassen Sie Ihrer Fantasie freien Lauf: Schreiben Sie einfach jeden Tag so auf, wie es Ihnen in den Sinn kommt. Sollte Ihnen das sehr schwerfallen oder überhaupt nicht gelingen, dann bitten Sie doch eine Person in Ihrer Umgebung darum, ein paar Stichworte zu Ihrem Tagesablauf zu notieren.

FÜR SPONTANE ZEITMANAGER

Aktion

8 Uhr — *Juhuu, pünktlich aufgestanden!*

10 bis 12 Uhr: *Meeting. Langweilig!!*

Mittagspause: War schön. Kann mich nicht mehr genau erinnern, wie lange sie gedauert hat…

Für emotionale Zeitmanager

Führen Sie ein Tagebuch: Geben Sie all Ihren Gedanken und Gefühlen genügend Raum. Nehmen Sie sich mehrmals täglich Zeit für einen kurzen – oder auch längeren – Eintrag. Wichtig dabei ist: Ziehen Sie jeden Abend eine stichpunktartige Bilanz über den vergangenen Tag, damit Sie den Überblick nicht verlieren. Diese Bilanz sollte folgende Aspekte berücksichtigen: Ihre Leistungskurve, Ihr Pensum, Ihre inneren und äußeren Widersacher, Ihre Zielorientierung sowie Ihre Gedanken und Gefühle. Wenn Ihnen die Selbstbeobachtung beziehungsweise die Auswertung Ihrer Notizen schwerfällt, bitten Sie doch zum Beispiel einen guten Freund, Ihre Aufzeichnungen bei einer Tasse Kaffee gemeinsam mit Ihnen zu analysieren.

Aktion

FÜR EMOTIONALE ZEITMANAGER

*Montag, 24. August, 9 Uhr:
Sitze am Computer, kann mich
aber überhaupt nicht konzentrieren.
Die Sache mit Charlotte geht
mir einfach nicht aus dem Kopf.
Ob sie mir immer noch böse ist
wegen des Missverständnisses
in der vergangenen Woche? ...*

Wie Sie Ihr Tagesprotokoll auf Ihren persönlichen Umgang mit der Zeit abstimmen, wissen Sie nun. Doch ebenso wie Sie Ihr individuelles Zeitmanagement berücksichtigen, sollten Sie Ihre Aufzeichnungen auch an Ihren Job anpassen. Oftmals ist ein minutengenaues Aufzeichnen Ihrer Tätigkeiten gar nicht sinnvoll – oder auch überhaupt nicht möglich. Schwierig wird es besonders dann, wenn Sie eine sehr hektische Tätigkeit ausüben oder keinen Schreibtisch-Job haben. Arbeiten Sie zum Beispiel in einer Notfall-Ambulanz, in einem Kindergarten oder an einem Bankschalter, ist auch ein Tagesprotokoll im 15-Minuten-Takt noch zu ausführlich. Daher: Richten Sie Ihre Notizen an Ihrer beruflichen Tätigkeit aus!

Hier stellen wir Ihnen vier Modelle zur Gestaltung Ihres persönlichen Tagesprotokolls vor – je nachdem, ob Sie in Ihrem Job überwiegend selbstständig arbeiten oder in ein Team integriert sind, ob Sie auf Abruf arbeiten und immer auf dem Sprung sein müssen oder ob Sie vielleicht eine Tätigkeit außerhalb des Büros ausüben. Wählen Sie sich das Muster aus, das am besten zu Ihrer beruflichen Tätigkeit und deren individuellen Anforderungen passt.

UMGANG MIT DEM TAGESPROTOKOLL

Know-how

WENN SIE »AUF ABRUF« ARBEITEN

Wenn Sie etwa einen Job in der Ambulanz, im Kindergarten oder im Vorstandsbüro haben, bietet es sich an, mit kleinen Einzelblättern zu arbeiten, die Sie in Ihrer Hosentasche verstauen können. Tragen Sie unter Störungen nur das ein, was nicht zu ihrer eigentlichen Tätigkeit gehört – also nicht jedes Telefonklingeln, sondern zum Beispiel nur Extrawünsche Ihrer Kollegen. So sehen Sie ganz schnell, wo Sie sich gut abgrenzen können und wo (noch) nicht.

WENN SIE KEINEN BÜROJOB HABEN

Arbeiten Sie beispielsweise im Außendienst, in einer Werkstatt oder einem Labor? Dann legen Sie sich am besten eine kleine Kladde zu, die Sie während Ihrer Arbeit griffbereit halten können. Als Störung notieren Sie alles, was Sie von der Arbeit abhält: nicht nur zusätzliche Aufgaben, sondern auch technische Pannen oder Verzögerungen durch Stau. So können Sie feststellen, ob es immer wieder die gleichen Störgrößen sind, die Ihnen dazwischen kommen – und ob Sie diese durch eine entsprechende Änderung Ihrer Arbeitsweise oder Ihres Umfelds ausschalten können.

WENN SIE HAUPTSÄCHLICH IM TEAM ARBEITEN

Besprechen Sie Ihr Vorhaben doch mal mit Ihren Kollegen – vielleicht haben diese Lust, ebenfalls Tagesprotokolle anzufertigen. So ersparen Sie sich Heimlichtuerei und nervige Fragen: »Was schreibst Du eigentlich dauernd auf?« Vielleicht gewinnen Sie Mitstreiter – und zusammen macht die Sache bekanntlich viel mehr Spaß! Dann bietet sich auch eine zusätzliche Spalte in Ihrem Protokoll an – für Notizen zu den Aufschiebereien oder anderen Marotten Ihrer Kollegen, die vermutlich auf das Konto von deren Schweinehunden gehen. So können Sie erkennen, ob und wie sich die Team-Schweinehunde möglicherweise gegenseitig aufschaukeln.

WENN SIE IM JOB ÜBERWIEGEND SELBSTSTÄNDIG AGIEREN

Sehen Sie in diesem Fall für die Spalte »Was sagte der Schweinehund?« besonders viel Platz vor. Denn bei geringer sozialer Kontrolle kann der Schweinehund Sie besonders leicht zum Wursteln verführen. Achten Sie bei den Störungen darauf, ob Sie diese unbewusst selbst herbeiführen, um ein wenig Gesellschaft zu haben – indem Sie sich zum Beispiel Hilfe holen für ein Computerproblem, das Sie eigentlich auch selbst lösen könnten.

WENN SIE NEBEN DEM JOB NOCH IHRE FAMILIE MANAGEN

Hausarbeit ist Arbeit – auch wenn sie nicht bezahlt wird. Notieren Sie, wie viel Zeit Sie jeden Tag dafür investieren: vom Wäschewaschen für die Lieben bis zu den Chauffeurdiensten für einzelne Familienmitglieder.

Erstaunliche Ergebnisse

Zugegeben: Es erfordert schon etwas Überwindung, sich einer realistischen Selbstkontrolle zu unterziehen. Doch es lohnt sich, denn die Ergebnisse können durchaus verblüffend sein. Und sie können Ihnen deutlich vor Augen führen, wo und wann es bei Ihrer Zeitplanung noch hakt. Und bereits das Eingeständnis – »Ja, so ist es.« – ist der erste wichtige Schritt zur Veränderung!

Das sieht Ihr Schweinehund anders? Ist er womöglich gerade dabei, Sie von diesem Vorhaben abzubringen? Dann motivieren Sie ihn doch und demonstrieren ihm, wie viele aufschlussreiche Erkenntnisse ein Tagesprotokoll bringen kann:

Ihre Leistungskurve

● Wo liegen Ihre persönlichen Leistungshochs und wann können Sie getrost die Füße hochlegen?

● Legen Sie genügend Pausen ein oder pausieren Sie zu viel?

● Fallen Sie nach dem Essen regelmäßig in ein tiefes Leistungsloch? Falls das so ist, passt Ihre Ernährung wahrscheinlich nicht so gut zu Ihrem Zeitplan.

Ihre tatsächliche Leistung

● Was schaffen Sie tatsächlich? Möglicherweise ist das viel mehr als Sie bisher dachten?

● Welche Tätigkeiten nehmen wenig Zeit in Anspruch, obwohl sie nach viel mehr Aufwand aussehen?

● Mit welchen Aktionen halten Sie sich viel länger auf, als Sie es vorher für möglich gehalten haben?

Ihre Zielorientierung

● Setzen Sie sich realistische Ziele?

● Bei welchen Tätigkeiten gehen Sie zielgerichtet vor – und bei welchen nicht?

Ihre äußeren Widersacher

● In welchen Situationen werden Sie gestört?

● Wie häufig geschieht das und auf welche Art und Weise?

Ihr innerer Schweinehund

● Zu welchen Gelegenheiten lassen Sie sich durch Ihren inneren Widersacher ablenken?

● Wie und wie lange bummeln Sie während Ihrer Arbeitszeit?

Analysieren Sie Ihre Tagesprotokolle im Hinblick auf diese Punkte – und nutzen Sie die gewonnenen Einsichten, um ein für Sie passendes Zeitmanagement zu entwerfen.

Ihre Leistungskurve

Jeder Mensch hat sein tägliches Leistungshoch zu einer bestimmten Tageszeit. Es gibt die »Morgenmenschen«, die um 5.30 Uhr frisch und munter aus dem Bett springen.

Dann diejenigen, die um die Mittagszeit herum fit werden und dann am besten arbeiten. Und schließlich die Menschen, die erst am späten Nachmittag oder in den Abendstunden zu ihrer Höchstform auflaufen.

Auch wenn sich manche Morgenmenschen moralisch überlegen fühlen (»Morgenstund' hat Gold im Mund«): Niemand arbeitet besser oder schlechter, nur weil er lieber oder effektiver zu einer anderen Tageszeit aktiv ist! Für alle aber gilt: Jeder Mensch braucht Pausen. Wie häufig und wie lange ist individuell sehr verschieden und auch von den Anforderungen des jeweiligen Jobs abhängig. Fakt ist außerdem: Nach dem Essen kommt ein Tief – und dagegen hilft weder strenge Disziplin noch starker Kaffee. Am besten achten Sie auf leichte Mahlzeiten, so können Sie das »Schnitzelkoma« von vornherein vermeiden. Nach dem Essen empfiehlt sich ein Spaziergang oder ein kurzer Büroschlaf von maximal 20 Minuten – am besten informieren Sie Ihre Kollegen darüber! Versuchen Sie es doch mal – Sie werden den Effekt deutlich spüren!

Ihre tatsächliche Leistung

Vielleicht staunen Sie, wie viel Sie tatsächlich schaffen. Der Verblüffungseffekt ist umso größer, je weniger Tätigkeiten Sie bisher als Ihre eigentlichen Aufgaben definiert und je mehr Dinge Sie schnell mal nebenbei erledigt haben. Für manch einen können diese Einsichten aber auch ernüchternd wirken: Mög-licherweise haben Sie einige Tätigkeiten als besonders wichtig eingestuft und sehen jetzt, wie selten Sie sich tatsächlich damit befassen. Oder umgekehrt: Manchen Aufgaben hingegen, die Sie als zweit- oder drittrangig ansehen, widmen Sie relativ viel Zeit.

Beim Zeitaufwand kann man sich sehr leicht verschätzen: Vor allem bei Aufgaben, die wir sehr ungern erledigen, schätzen wir den Aufwand häufig zu hoch ein. Borgen Sie sich doch bei Gelegenheit einmal eine Stoppuhr und überprüfen Sie Ihre Schätzungen! Sie werden überrascht sein …

Ihre Zielorientierung

Zeigen Ihre Tagesprotokolle, dass Sie oft hin- und herspringen zwischen der Arbeit an einem Projekt und der an einem anderen sowie zwischen diversen Ablenkungen und Pausen? Dann könnte es sein, dass Sie sich keine Ziele gesetzt haben oder dass Ihre Planung unvollständig oder sogar unrealistisch ist. Möglicherweise haben Sie Ihre Ziele auch nicht konsequent in sinnvolle Arbeitsschritte zerlegt? Wie Ihnen das gelingt? Das erfahren Sie bei Schritt 2 (ab Seite 88).

Ihre äußeren Widersacher

Je nach Job ist es mitunter gar nicht so leicht, tatsächliche Störungen von Unterbrechungen zu unterscheiden, die zu Ihrer Tätigkeit dazugehören. Doch dabei kann Ihnen Ihr Tagesprotokoll helfen: Damit können Sie die

tatsächlichen Störungen dingfest machen und gleichzeitig Ihre jeweiligen Reaktionen analysieren. Fällt es Ihnen leicht, Grenzen zu setzen? Oder lassen Sie sich von jeder Störung gleich eine halbe Stunde Zeit rauben?

Was beabsichtigt Ihr Schweinehund?

Gehören Sie zu den effizienten oder den zuverlässigen Zeitmanagern? Dann haben Sie vermutlich wenig Verständnis dafür, dass Sie in Ihrem Zeitprotokoll Ihren Schweinhund zitieren sollen. Ihnen geht es um exakte und effiziente Planung, für irgendwelche borstigen Begleiter haben Sie dabei keine Zeit. Und auf den ersten Blick ist Ihre Skepsis verständlich. Doch machen Sie sich einmal mit folgendem Gedanken vertraut: Der innere Schweinehund ist ein wesentlicher Teil Ihrer Persönlichkeit. Er symbolisiert die Seite, die Sie selbst nicht so gerne sehen: all das, was an Ihnen – trotz aller Disziplin – widerspenstig, triebhaft, ungeduldig, egoistisch oder träge ist. Je mehr Sie diesen Aspekt Ihrer Persönlichkeit zu ignorieren versuchen, desto mehr Mühe haben Sie, ihn unter Kontrolle zu halten. Für Ihr Zeitmanagement heißt das: Sie werden Ihre Pläne und deren Umsetzung nur dann optimieren können, wenn Sie mit Ihrer kompletten Persönlichkeit dahinterstehen – wenn Sie also auch den widerborstigen Teil Ihres Selbst mit ins Boot nehmen: Das gelingt Ihnen, indem Sie Ihrem inneren Schweine-

hund genau zuhören und seine positiven Absichten würdigen!

Er will nur Ihr Bestes!

Auch wenn Ihnen Ihr Schweinehund wie ein bösartiger Saboteur erscheinen mag – im Grunde will er nur Ihr Bestes. Manchmal schießt er zwar über das Ziel hinaus und provoziert mit seinen Aktionen das Gegenteil dessen, was er eigentlich erreichen wollte. Aber gut meint er es trotzdem mit Ihnen. Im Wesentlichen geht es ihm um drei Ziele:

1. Ihre Angst abwenden

Zeigt Ihr Tagesprotokoll, dass Sie sich oft ablenken lassen? Dass Sie Ihre Aufgaben entweder nicht rechtzeitig beginnen oder sie nicht pünktlich abschließen? Dann will der Schweinehund Sie möglicherweise vor Versagensängsten oder vor Erfolgsdruck schützen. Auf welche Ängste er spezialisiert ist, können Sie im Kapitel »Problem Zeitmanagement« nachlesen (siehe Seite 43 ff.).

2. Vor Überlastung schützen

Lassen Sie sich vom Schweinehund dazu verführen, Aufgaben plötzlich abzubrechen oder übertrieben unwirsch auf Störungen zu reagieren? Dann will er Sie eventuell vor Überlastung bewahren. Nehmen Sie seine Einwände ernst! Wenn Sie Ihren Schweinehund nämlich nur als Gegner sehen, den es zu überwinden gilt, reiben Sie sich bloß auf und ruinieren langfristig Ihre Gesundheit.

3. Spaß in Ihr Leben bringen

Stellen Sie sich vor, Sie hätten überhaupt keinen inneren Widersacher. Dann sähe Ihr Tagesprotokoll wahrscheinlich vorbildlich aus, und alles würde nach Plan verlaufen. Nur Spaß hätten Sie vermutlich wenig – zumindest dann, wenn Sie Ihre Aufgaben ernst nehmen. Damit es nicht so weit kommt, schleust der Schweinehund regelmäßig ein bisschen Abwechslung in Ihren Tagesablauf: ein wenig Internetsurfing hier, etwas Plauderei da. Schauen Sie sich Ihre Tagesprotokolle genau an: Wie viel Zeit verbringen Sie täglich mit »ungeplantem« Spaß? Je mehr es ist, desto mehr mangelt es Ihnen wahrscheinlich an »geplantem« Spaß!

AUSWERTUNG: MEINE TAGESPROTOKOLLE

Übung

1. Meine Leistungskurve

○ Ich bin ein Morgenmensch

○ Ich bin ein Abendmensch

Mein persönliches Leistungshoch liegt in der Zeit von ＿＿ bis ＿＿ Uhr.

2. Das leiste ich jeden Tag

Diese Aufgaben stehen im Mittelpunkt meiner Tätigkeit (täglicher Zeitbedarf):

＿＿＿＿＿＿＿＿＿ ＿＿ : ＿＿ Stunden

＿＿＿＿＿＿＿＿＿ ＿＿ : ＿＿ Stunden

Diese Tätigkeiten dauern zurzeit zu lange:

＿＿＿＿＿＿＿＿＿ ＿＿ : ＿＿ Stunden, reduzieren auf ＿＿ : ＿＿ Stunden

＿＿＿＿＿＿＿＿＿ ＿＿ : ＿＿ Stunden, reduzieren auf ＿＿ : ＿＿ Stunden

Diese Tätigkeiten möchte ich ausbauen:

＿＿＿＿＿＿＿＿＿ ＿＿ : ＿＿ Stunden, erweitern auf ＿＿ : ＿＿ Stunden

＿＿＿＿＿＿＿＿＿ ＿＿ : ＿＿ Stunden, erweitern auf ＿＿ : ＿＿ Stunden

3. Meine Zielorientierung

Bei folgenden Tätigkeiten gehe ich bereits zielgerichtet vor:

＿＿＿＿＿＿＿＿＿＿＿＿＿＿＿

Bei folgenden Tätigkeiten möchte ich meine Zielorientierung verbessern:

＿＿＿＿＿＿＿＿＿＿＿＿＿＿＿

4. Meine äußeren Widersacher

Wer stört mich? Wann? Wie? Wie lange?

＿＿＿＿＿＿＿＿＿＿＿＿＿＿＿

5. Die positiven Absichten meines Schweinehundes

Bei welchen Anlässen und wie sabotiert er mich am liebsten? Was steckt dahinter?

＿＿＿＿＿＿＿＿＿＿＿＿＿＿＿

6. Meine Gedanken und Gefühle

Was ärgert oder nervt mich während der Arbeit? Worüber freue ich mich?

＿＿＿＿＿＿＿＿＿＿＿＿＿＿＿

Ihre Gedanken und Gefühle

»Warum soll ich das denn aufschreiben?«, fragen Sie sich? Probieren Sie es einfach einmal aus, dann werden Sie sich wundern, wie breit die Palette Ihrer täglichen Gefühle tatsächlich ist. Vielleicht sind Sie sogar erschrocken darüber, wie oft Sie genervt, frustriert oder sogar zornig sind. Oder Sie haben gar nicht wahrgenommen, wie oft Sie eigentlich sehr gute Laune haben. Sie kommen sich selbst – und Ihrem Schweinehund – ein gutes Stück näher, wenn Sie Ihre Gefühlslandschaft einmal ehrlich anschauen. Ähnliches gilt für Ihre Gedanken: Wenn Sie bewusst auf Ihren Schweinehund hören und sich anschließend mit seinen Argumenten ebenso bewusst beschäftigen, entkräftet sich vieles, das Ihnen Ihr borstiger Begleiter einflüstert, von selbst. Die Aufzeichnung Ihrer Gedanken bringt Ihnen aber noch viel mehr: Oft werden Sie so auf Ideen aufmerksam, die Ihnen ohne Notiz sicherlich durch die Lappen gegangen wären, weil Sie sie gedanklich sofort wieder zur Seite geschoben hätten. Deshalb: Nutzen Sie Ihre eigene Kreativität! Und die Vorteile eines Tagesprotokolls!

Prinzip Zange

Haben Sie mal versucht, Ihren inneren Schweinehund mit der Aussicht auf eine Belohnung zu ködern? Vielleicht haben Sie ihm gesagt: »Wenn wir fünf Kilo abgenommen haben, kaufen wir eine neue Handtasche.« Und? Hat Ihr Plan funktioniert? Vermutlich nicht. Doch auch wenn Sie Ihrem Schweinehund Strafen androhen, zeigt das wenig Wirkung. Denn: Wenn es keinen Zusammenhang zwischen dem gibt, was Sie sich vorgenommen haben, und der Strafmaßnahme, die Sie dem Schweinehund ankündigen, versteht er die ganze Sache nicht. Er verhält sich dann wie ein Kind: Er empfindet Ihre Sanktion als einen ungerechten Angriff und übt bei nächster Gelegenheit Rache.

Ganz gleich, ob es sich um Belohnungen oder Bestrafungen handelt: Solange beide nichts mit Ihrem Vorhaben an sich zu tun haben, haben sie keinerlei Effekt. Wirkliche Motivation entsteht nur aus der Sache selbst! Deshalb: Nehmen Sie Ihren Schweinehund in die Zange! Zeigen Sie ihm einerseits, welche Vorteile ihn erwarten, wenn Sie Ihr Vorhaben umsetzen, aber auch, welche Verluste er in Kauf nehmen muss, wenn er Sie daran hindert.

Wirklich wissen warum

Schauen Sie sich Ihre persönliche Gewinn- und Verlustrechnung an. Wie fühlen Sie sich? Mault Ihr Schweinehund: »Das ist doch alles übertrieben und unrealistisch?« Setzen Sie sich mit den Realitäten auseinander. Lassen Sie sich von Ihrem Schweinehund nichts vormachen, setzen Sie ihm vielmehr die rosa Brille ab. Nutzen Sie gemeinsam die Energie des WWW-Prinzips – die Energie, die entsteht, wenn Sie wirklich wissen warum. Denn dann kommt Ihre Motivation aus der Sache selbst. Sie möchten Zeit gewinnen, weil Sie genau wissen, was Sie davon haben: Ein besseres Leben. Eine schönere Zukunft.

ZEITGEWINN – ZEITVERLUST?

Übung

Teilen Sie ein Blatt Papier mit einem Strich in zwei Hälften. Auf die eine Seite schreiben Sie »Gewinn«, auf die andere »Verlust«. Sammeln Sie nun alle Aspekte, die Ihnen ein verbessertes Zeitmanagement bringen kann. Was würden Sie gerne mit Ihrer gewonnenen Zeit tun? Was können Sie damit in einem Jahr erreichen, was in zehn Jahren? Und was verlieren Sie, wenn Sie so weitermachen wie bisher? Die Liste der Vorteile könnte folgendermaßen aussehen:

Gewinn jetzt:
- Ich hätte wieder Zeit, zum Sport zu gehen, und würde mich weniger gestresst fühlen.
- Ich hätte mehr Muße für meine Familie.
- Ich könnte eigene Projekte vorantreiben.

Gewinn in einem Jahr:
- Ich bin fit wie ein Turnschuh!
- Die Familie hält gut zusammen.
- Meine Projektpläne werden konkret.

Gewinn in zehn Jahren:
- Ich fühle mich jung und gesund.
- Ich lebe in einer glücklichen Familie.

- Aus meinen Projekten ist eine eigene Firma entstanden.

Und was würde passieren, wenn Sie in Sachen Zeitmanagement alles beim Alten belassen? Wie geht es Ihnen heute damit? Wie in einem Jahr, wie in zehn Jahren?

Verlust jetzt:
- Der Stresspegel steigt, meine Fitness sinkt.
- Ich habe keine Zeit für meine Kinder.
- Ich komme im Job nicht weiter und schaffe es auch nicht, eigene Projekte voranzutreiben.

Verlust in einem Jahr:
- Ich fühle mich ungesund und schlapp.
- In der Familie kriselt es.
- Ich trete im Job nicht nur auf der Stelle, sondern bringe immer weniger Leistung.

Verlust in zehn Jahren:
- Meine Gesundheit ist ruiniert.
- Meine Frau will ausziehen, meine Kinder kennen mich kaum.
- Mein Job ist in Gefahr, weil ich überhaupt nichts mehr auf die Reihe kriege.

Schritt 2: Ein Plan, der zu Ihnen passt

Den ersten Schritt hin zu einem besseren Umgang mit Ihrer Zeit sind Sie bereits gegangen: Sie haben einen Überblick darüber gewonnen, was Sie jeden Tag tun und wie es Ihnen dabei geht. Auf Grundlage dieser Erkenntnisse können Sie nun ein Zeitmanagement aufstellen, das wirklich zu Ihnen passt. Denn es berücksichtigt:

- Ihren Job
- Ihre Lebensbalance
- Ihre Ziele
- Ihren Zeitmanagement-Stil
- und (nicht zuletzt) auch Ihren inneren Schweinehund.

Im Grunde ist es gar nicht schwer, ein individuelles Zeitmanagement-Programm aufzustellen: Sie folgen einfach einem Fahrplan mit fünf Stationen – dann sind Sie schon bald am Ziel und haben einen passenden Zeitplan vorliegen! Nehmen Sie also Ihren Kalender zur Hand. Falls Sie noch keinen besitzen und auch nicht so recht wissen, welches Format zu Ihnen und zu Ihrem Job passt: Nehmen Sie für den Anfang einfach spontan, was Ihnen auf Anhieb zusagt. Sie können jederzeit, spätestens natürlich zum nächsten Kalenderjahr, ein anderes Modell wählen. Wichtig ist, dass Sie sich mit dem Thema Zeitplanung auseinandersetzen – und dass auch Ihr Schweinehund mit Spaß bei der Sache bleibt.

1. Station: Freizeit einplanen

Jede Woche ein freier Tag: Das wird Ihrem Schweinehund so gefallen, dass er seine Anfangswiderstände gleich aufgibt. Wählen Sie in jeder Woche einen Tag, der komplett für Vergnügungen zur Verfügung steht. Besprechen Sie die Gestaltung Ihrer freien Tage rechtzeitig mit Freunden und Familienmitgliedern, mit denen Sie Zeit verbringen möchten. Wichtig ist, dass Sie sich mit den Betreffenden verabreden, damit Sie nicht »aus Versehen« doch wieder am Schreibtisch landen, oder wegen mangelnder Planung an Ihrem freien Tag nicht in die Puschen kommen. Vielleicht wollen Sie ja auch einen Tag lang einfach mal nur mit sich sein? Dann verabreden Sie das verbindlich mit sich selbst und tragen es in Ihren Kalender ein.

An jedem Tag eine freie Stunde: Genauso wie Sie einen Tag pro Woche geblockt haben, reservieren Sie sich jetzt zusätzlich an jedem Tag (mindestens) eine Stunde, in der Sie nur tun, wozu Sie Lust haben. Notieren Sie sich, was Sie dann tun möchten: mit Freunden telefonieren, im Café sitzen, in der Hobbywerkstatt basteln, kochen, spazieren gehen, lesen, faulenzen … Kommt Ihnen das übertrieben vor? Doch Hand aufs Herz: Hatten Sie an Ihren bisherigen Arbeitstagen – neben Projekten, Meetings und Routineaufgaben – auch nur eine Stunde Zeit übrig für Dinge, die Ihnen Spaß machen? Wahrscheinlich nicht, wenn Sie so eine Auszeit nicht bewusst eingeplant haben. Und dann verführt der Schweinehund Sie trotzdem zu einer Stunde Bummelei oder einem Schwätzchen. Mit dem Nachteil, dass Sie dabei ein schlechtes Gewissen haben.

2. Station: feste Termine eintragen

Vermutlich haben Sie immer wieder eine ganze Reihe fester Termine: Meetings, Projektabschlüsse oder Kundengespräche. Wenn Sie diese Termine bisher auf irgendwelche Zettel gekritzelt oder nur »im Kopf« hatten, tragen Sie sie jetzt in Ihren Kalender ein. Das entlastet Sie enorm: Was Sie schwarz auf weiß haben, müssen Sie nicht immer und immer wieder durch Ihre Gehirnwindungen schieben – und können Sie auch nicht vergessen.

3. Station: Zeiten blockieren und Puffer einbauen

Bei manchen Menschen hängt die Lebensbalance schon allein aus dem Grunde schief, weil sie sich nicht klarmachen, wie viel Zeit Routinetätigkeiten in Anspruch nehmen. An manchen Tagen bestimmen sie sogar den ganzen Tagesablauf. Deshalb: Unterschätzen Sie den zeitlichen Aufwand für diese Tätigkeiten nicht! Planen Sie auch immer genug Pufferzeiten ein. Experten sind sich einig darin, dass man pro Tag nur rund 60 Prozent

seiner Arbeitszeit verplanen sollte, um Störungen zeitlich abfedern zu können. Wenn Sie von einem Acht-Stunden-Tag ausgehen, sollten Sie also nur Aufgaben festlegen, die Sie rund fünf Stunden beschäftigen. Daneben haben Sie dann immer noch ausreichend Zeit für Unvorhergesehenes – Sie können sicher sein, irgendetwas kommt immer dazwischen.

Keine Lust auf Listen?

Ich mag keine Listen. Sobald ich so etwas nur sehe, schalte ich mein Sabotage-Programm ein. Wenn Sie trotzdem unbedingt Ihre To-do-Listen anfertigen und abarbeiten möchten, machen Sie mir doch einfach mal klar, was diese Aufstellungen bringen: ein Höchstmaß an Zeit für Spaß und Vergnügen? Prima – dann bin ich dabei! Eine auf Ihre Prioritäten zugeschnittene To-do-Liste ist offenbar etwas ganz anderes als die Listen, die Ihnen Ihr Chef regelmäßig auf den Tisch knallt. Hier geht es ja gar nicht um das brave Abarbeiten von Aufträgen, die andere Ihnen zumuten. Sondern es geht ganz allein um Sie selbst und um das, was Sie tun wollen. Ich wäre kein Schweinehund, wenn ich das nicht unterstützen würde!

4. Station: To-do-Listen anlegen

Impulsiven Schweinehunden rollen sich die Krallen hoch, wenn Sie dieses Wort auch nur flüstern! Tun Sie es trotzdem: Legen Sie To-do-Listen an. Schaffen Sie sich dafür einen Überblick über Ihre Aufgaben und legen Sie Ihre Prioritäten nach dem Eisenhower-Prinzip fest (siehe Seite 22 ff.). Spielen Sie am Anfang mit Formen und Farben, bis Sie den richtigen Weg gefunden haben.

5. Station: Einzelaktionen eintragen

»Der Schlüssel liegt nicht darin, Prioritäten für das zu setzen, was auf Ihrem Terminplan steht, sondern darin, Termine für Ihre Prioritäten festzulegen.« So lautet ein viel zitierter Satz des bekannten Zeitmanagement-Experten Stephen R. Covey. Setzen Sie ihn in die Tat um! Und zwar, indem Sie alle Einzelaktionen in Ihren Kalender eintragen. Berücksichtigen Sie dabei auch Ihre tägliche Leistungskurve! Sie werden über die Wirkung staunen: Plötzlich nimmt das, was Sie schon lange vorhaben, vor Ihren Augen Gestalt an. Wann Sie Ihre Termine notieren, hängt von Ihrem Naturell und der Art Ihrer Projekte ab. Grundsätzlich empfiehlt es sich,

1 so weit wie möglich im Voraus zu planen.

2 an jedem Wochenende eine Feinjustierung für die folgende Woche vorzunehmen.

3 jeden Abend den Plan für den folgenden Tag auf den neuesten Stand zu bringen.

Know-how

TIPPS FÜR JEDEN TYP

Als zuverlässiger Typ sollten Sie Ihre Pläne nicht zu detailliert entwerfen, sonst blockieren Sie sich nur selbst. Sicher können Sie auch wichtige Einzelaktionen in Ihren Kalender eintragen, doch übertreiben Sie es nicht!

Das Gleiche gilt für die effizienten Zeitplaner. Ihnen könnte es auch guttun, gezielt Pausen für einen Stimmungs-Check einzuplanen. Horchen Sie in sich hinein: Wie geht es Ihnen? Was sagt Ihr Schweinehund? Fragen Sie auch gezielt nach der Stimmung im Team, denn auch die spielt eine wichtige Rolle!

Spontanen Zeitmanagern ist der Einzelaktionen-Eintrag in den Kalender wahrscheinlich zu kleinkariert. Es geht auch anders: Blockieren Sie in Ihrem Kalender nur die Zeit, die Sie vorrangigen Aufgaben widmen möchten. Was genau Sie dann tun, entscheiden Sie spontan. Welche Aktivitäten in Frage kommen, können Sie auf einer To-do-Liste oder in einer Mind-Map festhalten.

Zählen Sie sich zu den emotionalen Zeitmanagern? Dann sollten Sie möglichst viele Termine vereinbaren, um Projekte gemeinsam zu planen oder den aktuellen Stand zu präsentieren. Das schafft – aus Sicht Ihres Schweinehundes – eine größere Verbindlichkeit als nur ein Eintrag in Ihrem Kalender.

Schritt 3: Setzen Sie Ihren Plan um

Inzwischen haben Sie sicher schon einen guten Überblick darüber bekommen, wo Ihre Zeit eigentlich jeden Tag bleibt. Mit diesem Wissen haben Sie einen Plan aufgestellt, der ganz individuell auf Ihre Bedürfnisse zugeschnitten ist. Dann kann es ja jetzt richtig losgehen … »Halt!«, schreit Ihr Schweinehund. »So einfach kann das doch nicht sein! Wollen wir die Sache nicht lieber noch einmal überdenken?« Auch wenn Sie die Einwände Ihres Schweinehundes grundsätzlich ernst nehmen sollten – und er manchmal damit auch Recht hat –, jetzt sollten Sie nicht auf ihn eingehen, sondern lieber ganz in Ruhe mit Ihrem Vorhaben beginnen.

Fangen Sie einfach an!

Haben Sie bisher aus jedem Anfang ein großes Drama gemacht? Mussten Sie zuerst mit Ihrer Freundin telefonieren, zum Bäcker gehen und Kuchen kaufen, vielleicht sogar heulen und zähneklappern? Dann kommt jetzt eine gute Nachricht für Sie: Wenn Sie sich solch dramatische Verhaltensweisen ganz freiwillig angewöhnt haben, können Sie sie sich ebenso gut wieder abgewöhnen. Und außerdem: Sie müssen nicht einmal in der richtigen Stimmung sein, um etwas zu beginnen. Das ist ein Mythos, an dem viele gerne festhalten. Und auch Ihr Schweinehund

glaubt felsenfest daran und versucht damit immer wieder, Sie von etwas abzuhalten. Machen Sie sich den Anfang leicht: Fangen Sie einfach an! Wenn es Ihnen hilft, können Sie sich ein kleines Ritual dazu ausdenken. Es ist völlig gleichgültig, ob Sie vor jedem neuen Projekt drei Mal singend um Ihren Schreibtisch laufen oder Ihre Uhr auf die exakte Zeit justieren. Hauptsache, Sie finden eine Struktur, die Ihnen Halt gibt, und die Sie weniger Stunden und Nerven kostet als Ihr herkömmliches Eröffnungsdrama.

Start-Tipps für jeden Typ

Effiziente Zeitmanager: Sie sind ein sehr vernunftgesteuerter Mensch, sodass Sie wahrscheinlich keine Startschwierigkeiten haben. Umso besser – dann bleibt genug Zeit, etwas Neues auszuprobieren: Achten Sie vor Ihrem Arbeitsstart einmal ein paar Minuten bewusst auf Ihre eigenen Gedanken und Gefühle. Notieren Sie die wichtigsten – vielleicht entdecken Sie darin ganz neue Ideen oder Hinweise auf Ihr anstehendes Projekt?

Zuverlässige Zeitmanager: Leiden Sie unter Ihrem Perfektionismus? Dann lassen Sie sich auf einen Etikettenschwindel ein: Erklären Sie Ihrem Schweinehund, dass Sie jetzt noch nicht an die eigentliche Arbeit gehen, sondern erst nur Vorarbeiten erledigen. Und weil die nicht perfekt sein müssen, ist es auch nicht nötig, dass

Ihr Schweinehund Sie vor Ihrer Angst, mit einer neuen Arbeit zu beginnen, schützen muss. So haben Sie freie Bahn!

Spontane Zeitmanager: Normalerweise werden Sie spontan von Ihrem Schweinehund überrumpelt – jetzt drehen Sie den Spieß um: Überlisten Sie Ihren Schweinehund! Fangen Sie mit Ihrer Arbeit einfach ein paar Minuten früher an als geplant. Oder versuchen Sie die Zeh-ins-Wasser-halten-Strategie: Sagen Sie Ihrem Schweinehund, dass Sie nur kurz einmal ausprobieren, wie sich die Arbeit anfühlt. Oft findet Ihr Begleiter die Sache dann gar nicht mehr schlimm oder sogar so interessant, dass er seinen Widerstand aufgibt.

Emotionale Zeitmanager: Konzentrieren Sie sich auf die Realität und hören Sie einmal gezielt nicht auf Ihre Gefühle – zumindest im Moment des Anfangens. Was muss getan werden? Bis wann? Und was passiert, wenn Sie es nicht tun? Wenn Sie aus Ihrer Aufschieberei dennoch nicht herauskommen, testen Sie einmal das, was Psychologen als »Symptomverschreibung« bezeichnen. Verordnen Sie sich vor Ihrem Arbeitsstart eine begrenzte Zeitspanne – etwa 30 Minuten –, in der Sie nicht anfangen, sondern nur herumwursteln. Möglicherweise protestiert Ihr Schweinehund gegen diese Anforderung und besteht darauf, dass Sie lieber etwas Vernünftiges mit Ihrer Zeit anfangen.

Halten Sie durch!

Stellen Sie sich vor, Sie kommen mit Ihrem neuen Zeitmanagement gut zurecht und es gelingt Ihnen, sich an Ihre selbst gesetzten Termine zu halten. Doch nach ein paar Tagen schon meldet sich Ihr widerborstiger Geselle: »Reicht das jetzt nicht schon? Wollen wir jetzt nicht lieber etwas machen, das richtig Spaß bringt? Ich sage es Dir gleich: Wenn das heute Nachmittag weiter so zackig nach Plan läuft, sinkt meine gute Laune gewaltig!«

Und wenn schon – Sie sind ja nicht von der Stimmung Ihres Schweinehundes abhängig! Wenn Sie nicht nach einer spontanen Laune handeln, sondern nach einem rationalen Plan, können Sie seine Launenhaftigkeit sogar gleich mit einplanen. Gehen Sie keinesfalls einfach darüber hinweg, um ihn nicht ganz zu verärgern. Signalisieren Sie ihm Verständnis, bleiben Sie aber trotzdem Ihrem Plan treu und vertrösten Sie Ihren widerborstigen Begleiter auf den Feierabend: »Ja, ich weiß, das ist jetzt schwer für Dich, aber es sind nur noch ein paar Stunden, dann machen wir uns einen richtig netten Abend! Und auf lange Sicht gewinnen wir so viel Zeit, dass wir zukünftig noch viel mehr Schönes unternehmen können.«

Pläne überprüfen: Lassen Sie Ihr Vorhaben nie aus einer Laune heraus platzen! Auch wenn der Schweinehund vehement protestiert – bleiben Sie kühl. Überlegen Sie lieber konzentriert:

- Bin ich wirklich auf dem richtigen Weg?
- Muss ich mein Zeitmanagement noch einmal verändern?
- Was hat vor dem neuen Zeitmanagement möglicherweise besser funktioniert? Manchmal ist es besser, nicht eisern durchzuhalten, sondern einzusehen, dass der Plan nicht gut ist. Doch hier gilt die Faustregel: Zuerst eine Nacht drüber schlafen, bevor Sie Ihr Vorhaben modifizieren oder sogar aufgeben.

Auf Distanz gehen: Sie können Ihren Schweinehund auf Distanz halten, indem Sie seine Aktionen zur Kenntnis nehmen, sich davon aber nicht aus der Ruhe bringen lassen. Für die Bändigung Ihres treuen Begleiters gilt im Grunde das Gleiche wie für den Umgang mit einem trotzigen Kleinkind: Wenn Sie ihm das Herumschreien verbieten, wird das Kind erst so richtig loslegen. Sagen Sie stattdessen: »Ich sehe, dass Du Dich ärgerst. Jetzt warten wir zusammen, bis Du Dich wieder beruhigt hast, dann überlegen wir weiter.« Nehmen Sie die Gefühle Ihres Schweinehundes ernst, aber halten Sie an Ihrem Konzept fest! Eine weitere Methode: Schreiben Sie die Einwände Ihres tierischen Begleiters auf.

MACHEN SIE IHREN FORTSCHRITT SICHTBAR!

Ihr Schweinehund mag's bunt und konkret. Zeigen Sie ihm also, welche Fortschritte Sie geschafft haben. Das hält ihn bei Laune!

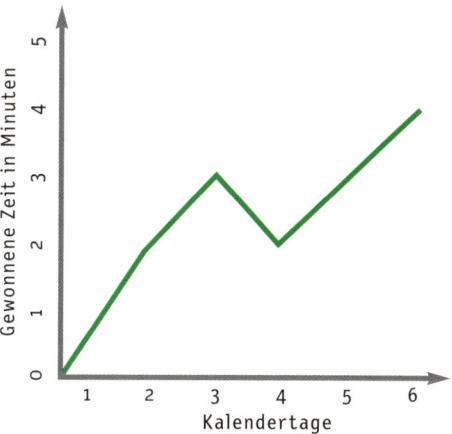

Kurven-Trick: Überschlagen Sie abends Ihren Zeitgewinn durch Ihr neues Zeitmanagement und bilden Sie Ihre Zeitersparnis als Kurve ab. Denn wenn Ihr Schweinehund sieht, dass Ihre Kurve stetig steigt und immer mehr Zeit für Sie beide herausspringt, reißt er sich tagsüber viel lieber zusammen.

Grün oder Rot? Sie können auch auf einem Kalender im Büro mit grünen Punkten die Tage markieren, an denen Ihr Zeitmanagement funktioniert hat, mit roten Punkten die übrigen Tage. Das regt den Spieltrieb Ihres Schweinehundes an: Natürlich will er so viele grüne Punkte wie möglich sammeln.

Bei dieser Gelegenheit können Sie auch gleich Ihre Gegenargumente notieren, sodass ein schriftlicher Dialog entsteht. Sinn der Sache: Sie holen die störenden Gedanken aus Ihrem Kopf und können Ihren Plan in Ruhe weiter umsetzen. Wichtig: Fassen Sie sich kurz und knapp – sonst wird das Aufschreiben wieder zu einer Aufschiebe-Aktion.

Einen Gang zurückschalten: Ihr Schweinehund gibt keine Ruhe? Dann kann es sein, dass Sie zu ehrgeizig sind oder zu viele Projekte auf einmal gestartet haben. Streichen Sie ein paar davon, wenn es nicht anders geht. Oder gelingt es Ihnen noch nicht ausreichend, sich von den Sonderwünschen Ihrer Kollegen abzugrenzen? Üben Sie weiter! Es ist nicht so wichtig, wie viel Sie auf einmal schaffen. Es kommt darauf an, dass Sie am Ball bleiben. Besser, Sie nehmen sich kleinere Aufgaben vor, als das ganze Projekt an den Nagel zu hängen!

Durchhalte-Tipps für jeden Typ

Effiziente Zeitmanager: Probleme durchzuhalten haben Sie nicht. Es könnte aber sein, dass Ihnen das Bild des Schweinehundes nach kurzer Zeit nicht mehr behagt, weil es Ihnen zu irrational erscheint. Und vielleicht haben Sie auch keine Lust, Ihre Gefühlslandschaft immer wieder zu betrachten. Wenn Sie diesem Impuls nachgeben, haben Sie Ihrem persönlichen Schweinehund bereits einen Etappensieg verschafft. Ihr Begleiter hat nämlich Angst vor Emotionen. Deshalb: Machen Sie sich – und Ihrem Begleiter – klar, dass ein gut balanciertes Zeitmanagement immer beides berücksichtigt: Kopf und Bauch.

Zuverlässige Zeitmanager: Am besten fühlen Sie sich, wenn Sie alle Details unter Kontrolle halten. Deshalb verzetteln Sie sich manchmal, verlieren den Überblick und möchten dann am liebsten fliehen. Stellen Sie deshalb um: Von Makro- auf Weitwinkel-Blick! Es kommt nämlich darauf an, dass der Gesamtplan stimmt. Und ein paar kleine Fehler hier und da stellen diesen noch lange nicht in Frage.

Spontane Zeitmanager: Sie sind ein eher extrovertierter Typ und können mitreißend erzählen – nicht zuletzt, weil Sie keinerlei Scheu vor Über- und Untertreibungen haben. Tatsächlich erleben Sie viele Dinge entweder als sehr positiv oder aber als ausschließlich negativ. Das trifft auch auf Ihr Zeitmanagement zu. In einem schwachen Moment werden Sie es absolut unerträglich finden und alles hinschmeißen wollen. Doch entdecken Sie die Zwischentöne! Zwischen Schwarz und Weiß gibt es viele Schattierungen, die vielleicht langweilig aussehen, die aber der Realität am ehesten entsprechen. Versuchen Sie, die Fakten im Blick zu behalten, das wird Ihnen beim Durchhalten helfen.

Emotionale Zeitmanager: Für Sie hängt vieles von der Stimmung im Team ab. Deshalb halten Sie am besten durch, wenn möglichst viele Teammitglieder mit Ihnen an einem Strang ziehen. Doch es gibt immer auch Kollegen, die besser abschneiden als Sie selbst, wie auch solche, die die Flinte leicht ins Korn werfen. Vergleichen Sie sich nicht mit ihnen, denn das würde Sie nur demotivieren.

Bewerten Sie sich!

Natürlich erinnern Sie sich an die Schulnoten »Sehr gut« bis »Ungenügend«. Jeder kennt sie, doch auf jeden haben sie eine andere Wirkung: Je nach Naturell können sie äußerst motivierend sein – das trifft tendenziell auf effiziente und zuverlässige Typen zu – oder aber Widerstand hervorrufen, wie es bei emotionalen und spontanen Typen oft der Fall ist. Wenn Sie jedoch zu den Menschen gehören, die die Vergabe von Noten anspornt, dann gönnen Sie sich welche.

Tagesrückschau: Halten Sie an jedem Abend eine Tagesrückschau. Was ist Ihnen in Sachen Zeitplanung besonders gut gelungen? Was (noch) nicht? Wenn Sie mögen, machen Sie dazu Notizen in Ihrem Kalender. Wichtig ist, dass Sie sich eine ehrliche Zensur geben. Denn sicherlich wissen Sie noch genau, wie Ihr Schweinehund bereits in Ihrer Schulzeit auf ungerechte Bewertungen reagiert hat …

Wochenrückschau: Nutzen Sie die Wochenenden zum Bilanzieren. Waren Sie mit Ihrem Zeitmanagement zufrieden? Wie viel Zeit haben Sie während der Woche gewonnen? Was können Sie in der kommenden Woche besser machen?

Ein guter Abschluss

Das dicke Ende kommt meist zum Schluss: Plötzlich zeigt sich, dass ein Problem doch komplizierter war als gedacht. Oder der Drucker streikt, aber Ihr Chef will noch 20 zusätzliche Auswertungen. Nein – das ist nicht absurd, das ist im Arbeitsleben eher der Normalfall. Solche Zwischenfälle passieren meist beim Abschluss von einzelnen Arbeitsschritten oder am Projektende, kaum bei langfristigen Umsetzungen – wie zum Beispiel der Umstellung auf ein neues Zeitmanagement. Hier allerdings ist es manchmal auch nicht einfach, zu dem Punkt zu kommen, an dem Sie überzeugt sagen können: »Ja, ich habe es geschafft.«

Abschluss-Tipps für jeden Typ

Effiziente Zeitmanager: Sie sind so diszipliniert, dass Sie eigentlich nur durch äußere Faktoren wie etwa technische Pannen aus der Schlusskurve geworfen werden können. Mit einer Ausnahme: Manchmal hören Sie so wenig auf Ihr Bedürfnis nach Ruhe, Abwechslung oder Austausch mit anderen Menschen, dass Sie dadurch krank werden. Lassen Sie es nicht so weit kommen! Achten Sie auf Ihre innere Balance genauso wie auf Ihre Job-Termine.

Zuverlässige Zeitmanager: Möglicherweise neigen Sie zu Perfektionismus und finden deshalb oft kein Ende? Sagen Sie Ihrem Schweinehund, dass Sie Ihren Perfektionsanspruch aufgegeben haben. Sehr gute Ergebnisse reichen Ihnen ab sofort völlig aus. Wahrscheinlich wird sowieso niemand den Qualitätsunterschied bemerken, um den sich Ihr Begleiter so viele Sorgen macht.

Spontane Zeitmanager: Kurz vor Schluss steigt Ihre Lust, ein anderes Projekt zu beginnen. Kennen Sie diesen Impuls? Dann kennen Sie ja auch das Ergebnis eines solchen Ausweichmanövers: ein weiteres unfertiges Projekt, das auf Ihrem hohen Stapel unvollendeter Werke landet. Deshalb: Widerstehen Sie der großen Lust des Neuanfangs, indem Sie Ihre neuen Projektideen notieren und zunächst Ihr laufendes Projekt abschließen.

Emotionale Zeitmanager: Haben Sie Angst, Ihre Verhaltensänderung abzuschließen, weil Sie nicht wissen, was danach kommt – und wie oder wer Sie selbst danach sein werden? Es ist tatsächlich gar nicht so leicht, ein altes Lebensmodell loszulassen. Wenn Sie schon einmal das Rauchen aufgegeben oder sich eine gesündere Ernährung angewöhnt haben, wissen Sie das. Sie wissen aber auch, dass Sie nach einer kurzen Phase der Verunsicherung von ganz allein zu der Person mit den neuen Verhaltensweisen werden. Und dass dieser Mensch natürlich immer noch eine Menge Gemeinsamkeiten mit dem Vorgängermodell hat. Wagen Sie den Sprung in Ihr neues Leben! Sie haben viel zu gewinnen!

Belohnen Sie sich!

Echte Motivation kommt nicht von außen – etwa durch Zuckerbrot oder Peitsche –, sondern vielmehr daher, dass die Tätigkeit selbst den ersehnten Gewinn bringt. Das heißt nicht, dass Sie sich nicht zusätzlich eine kleine Belohnung gestatten dürfen! Gönnen Sie sich nach jedem Etappenziel etwas: Wie wäre es zum Beispiel mit einer Erholungspause, in der Sie einfach das tun, was Ihnen Entspannung bringt und Freude macht?

Belohnungs-Tipps für jeden Typ

Effiziente Zeitmanager: Sie halten Belohnungen möglicherweise für Kinderkram – dann gehen Sie eben ganz rational an die Sache und sprechen statt von Belohnung von Regeneration: Und regelmäßige Entspannungsphasen brauchen Sie schließlich, um leistungsfähig zu bleiben!

Zuverlässige Zeitmanager: Bei Ihnen verhält es sich genau umgekehrt: Ihr Schweinehund weiß gerne vorher, was ihn für eine Belohnung erwartet. Und die muss gar nichts Besonderes oder Neues sein – da reicht schon der leckere Cappuccino in seinem Lieblingscafé.

Spontane Zeitmanager: Immer wieder Cappuccino? Wenn Sie Ihrem Schweinehund jeden Tag die gleiche Belohnung anbieten, fühlt er sich schnell gelangweilt. Probieren Sie lieber jeden Tag etwas Neues aus, das stellt ihn auf jeden Fall zufrieden!

Emotionale Zeitmanager: Sie blühen richtig auf, wenn Sie sich eine Belohnung gönnen. Tun Sie sich also regelmäßig etwas Gutes: am besten Beschäftigungen,

SCHULDGEFÜHLE

Vielleicht haben Sie es auch schon erlebt und sich darüber gewundert: Ein eigentlich sehr erfolgreicher Kollege wirft kurz vor Schluss ein Projekt hin. Psychologen gehen davon aus, dass hier Schuldgefühle am Werk sind – insbesondere den eigenen Eltern gegenüber: Ist es in Ordnung, dass ich der eigenen Kreativität Raum gebe, obwohl die Eltern keine Gelegenheit dazu hatten und sich stattdessen für die Kinder aufopferten? Darf mir meine Arbeit Spaß machen und eine Menge Geld bringen, auch wenn sich die Familie seit Generationen mit schlecht bezahlten Jobs durchgeschlagen hat? Derartige Schuldgefühle haben sich zumeist schon in der Kindheit eingeprägt und wirken auch dann noch, wenn die eigenen Eltern längst verstorben sind. Wenn Sie sich von solch negativen Gefühlen blockiert fühlen, dann versuchen Sie aktiv, sich davon zu befreien. Die Begleitung durch einen Coach oder einen Therapeuten kann hier sehr hilfreich sein.

die Sie emotional nicht zu sehr aufladen oder gar belasten wie beispielsweise Erinnerungsfotos oder alte Briefe hervorkramen. Solche Unternehmungen sollten Sie lieber auf die Abendstunden oder auf freie Tage verlegen.

Wo bleibt Ihre Zeit?

So langsam merkt Ihr Schweinehund, dass Sie Ihr Zeitplanungsprojekt diesmal zur Chefsache gemacht haben – und er ist hin- und hergerissen zwischen den offensichtlichen Vorteilen der neuen Zeitplanung und seiner wahren Bestimmung, der er nur schwer entkommen kann. Sabotagegefahr besteht also nach wie vor, Ihr Schweinehund kennt typische Fallen und andere tückische Zeiträuber – Sie sollten sich daher auch gegen diese Angriffe wappnen.

Acht typische Zeitfallen

Sie haben eine klare Bestandsaufnahme gemacht, Ihren persönlichen Zeitplan aufgestellt und alles Erforderliche getan, um diesen Plan umzusetzen. Sie haben dabei sogar Ihre Motivation und Regeneration durch regelmäßige kleine Belohnungen gestärkt. Doch trotz aller Bemühungen und guten Vorsätze gewinnen Sie einfach keine Zeit? Hier lesen Sie, welche Gründe dafür verantwortlich sein können.

Zu viel geplant

Möglicherweise haben Sie Ihre Tage zu voll gestopft. Denken Sie daran: Nur 60 Prozent Ihres Arbeitstages verplanen! Halten Sie die übrige Zeit frei, um auf Unvorhergesehenes, Pannen und Störungen aller Art reagieren zu können. Es kann auch sein, dass Sie zu viel Zeit in Ihre Planung stecken. Abhilfe können Sie zum Beispiel mithilfe von Checklisten schaffen: Diese Listen enthalten alle Arbeitsschritte der Tätigkeiten, die Sie immer wieder erledigen müssen. Eine vollständige und übersichtliche Checkliste können Sie immer wieder nutzen. Das spart enorm viel Zeit. Vor allem dann, wenn Sie die zu erledigenden Einzelaktionen bereits in der richtigen Reihenfolge notiert haben.

Checklisten eignen sich vor allem, wenn Sie

- zu einem Meeting einladen,
- eine Dienstreise vorbereiten,
- ein technisches Experiment durchführen,
- eine Recherche durchführen,
- ein neues Projekt planen,
- einen Vorgang mit verschiedenen Abteilungen abstimmen.

Zu wenig Pausen

Auch wenn Sie sich topfit fühlen: Sie tun sich keinen Gefallen damit, wenn Sie stundenlang durchpowern, ohne Pausen zu machen. Füllen Sie Ihre Kraftreserven lieber auf, bevor sie zur Neige gehen. Faustregel: Alle 45 Minuten eine Pause einlegen. Fällt es Ihnen schwer, danach wieder zu Ihrer Arbeit zurückzukehren, können Sie Ihre Arbeitsphasen auch auf 90 Minuten ausdehnen. Spätestens dann aber sollten Sie sich eine Auszeit nehmen. Denn: Oft erholen Sie sich dabei nicht nur, sondern kommen auch auf gute, neue Gedanken.

Zu viel Verschiedenes

Es ist sehr anstrengend, wenn Sie zuerst ein paar Minuten telefonieren, sich dann eine Viertelstunde lang dem Controlling widmen, dann Mails schreiben, dann zum Controlling zurückkehren, dann ein paar Minuten Brainstorming für Ihr neues Projekt machen, anschließend wieder telefonieren und so weiter … Versuchen Sie lieber, Ihre Arbeiten zu bündeln: zum Beispiel zuerst alle Telefonate, dann das Controlling, anschließend die neuen Mails und zum Abschluss eine Runde Brainstorming.

Zu wenig delegiert

Es ist ein Zeichen für Professionalität – nicht für Faulheit! –, wenn Sie so viel wie möglich nicht selbst erledigen. Das gilt vor allem für weniger wichtige Tätigkeiten oder für solche, die zwar dringend sind, mit Ihren eigenen Prioritäten aber nichts zu tun haben. Fragen Sie sich bei jedem Punkt Ihrer Tagesplanung:

- *Muss ich das wirklich tun?*

Für alles, was Sie delegieren, gilt: Übergeben Sie das Gesamtpaket und kontrollieren Sie nach Möglichkeit nur das Endergebnis. Aller Voraussicht nach wird die Person, die Sie beauftragen, anders und in einer anderen Reihenfolge vorgehen, als Sie selbst es tun würden. Das heißt nicht, dass deren Vorgehen unangebracht oder sogar falsch ist. Akzeptieren Sie, dass verschiedene Wege zum Ziel führen können. Und nehmen Sie auch ein Ergebnis an, das nicht zu 100 Prozent so aussieht, wie Sie sich das vorgestellt haben. Denn sonst geraten Sie in eine Falle, die im Haushaltsmanagement als »Nachputzen«

bekannt ist: Sie machen sich nicht nur selbst unnötige Mehrarbeit, sondern demotivieren dadurch auch die Person, die Ihre Arbeit erledigt hat.

Zu viel Ablenkung

Sind Sie ein »Yessie«? Springen Sie sofort auf und rufen »Ja, hier!«, wenn jemand eine Bitte äußert oder eine Aufgabe zu vergeben hat? Dann brauchen Sie sich nicht zu wundern, wenn Sie Ihren eigenen Zeitplan nicht einhalten können. Üben Sie gezielt das Wörtchen »Nein«. Das wird Ihnen umso leichter fallen, wenn Sie die jeweilige Sache und Person trennen. Zum Beispiel so: »Ich kann gut verstehen, dass Du in Deiner Situation jetzt Hilfe brauchst. Leider habe ich im Moment keine Möglichkeit einzuspringen.« So haben Sie »Ja« zur Person gesagt – das beruhigt Ihren konfliktscheuen Schweinehund – und ein »Nein« zur Sache vorgebracht. Vielleicht fällt Ihnen noch ein guter Tipp ein, mit dem Sie zukünftige Anfragen gleich im Keim ersticken können: »Frag doch mal die Firma XY, die machen so etwas professionell und wahrscheinlich viel besser als ich.«

Zu wenig Zeit

Fühlen Sie sich völlig demotiviert, Ihren eigens aufgestellten Zeitplan einzuhalten? Dann unterziehen Sie diesen Plan noch einmal einer kritischen Überprüfung. Haben Sie Ihre eigenen Projekte ausreichend berücksichtigt? Oder stehen überall Termine, die andere Ihnen verpasst haben? Haben Sie genügend Pausen und Belohnungen für sich selbst vorgesehen? Wenn in Ihrem Zeitmanagement Ihre eigenen Bedürfnisse ausreichend berücksichtigt werden, dann müsste Ihr Schweinehund sein Waffenarsenal eigentlich freiwillig einpacken. Tut er es nicht, haben Sie möglicherweise die falschen Projekte in Angriff genommen – also solche, die andere Menschen Ihnen eingeflüstert haben. Oder Sie haben sich Belohnungen ausgesucht, die zwar allgemein als begehrenswert erscheinen, Ihnen selbst aber gar nichts bedeuten.

Zu langsame Technik

Vielleicht verlieren Sie jeden Tag eine Menge Zeit, weil Ihre Technik nicht gut funktioniert: Das kann an Ihrem Computer liegen, der sehr langsam arbeitet oder durch seine regelmäßigen Abstürze jeden Tag ein bis zwei Stunden Zeit frisst. Deshalb: Bringen Sie Ihre Infrastruktur auf Vordermann! Vielleicht können Sie auch Ihre Arbeitstechniken verbessern? Es spart beispielsweise enorm viel Zeit, wenn Sie mit zehn Fingern tippen können. Oder müssen Sie viel lesen? Dann erler-

nen Sie doch eine Schnell-Lese-Technik –
Literatur dazu gibt es im Buchhandel jede
Menge. Zugegeben: Sie müssen erst einmal
Zeit investieren, um sich effektive Arbeitstechniken anzueignen, und außerdem arbeiten Sie zunächst gegen alte Gewohnheiten an.
Beides behagt bekanntlich Ihrem Schweinehund überhaupt nicht, verschafft Ihnen langfristig aber satte Zeitgewinne.

Ineffektive Kommunikation

Schauen Sie mal auf die Uhr, wie lange Sie
für das Verfassen einer E-Mail brauchen.
15 Minuten? Wie lange dauert bei Ihnen ein
durchschnittliches Telefongespräch? Fünf
Minuten? Wenn Ihnen die investierte Zeit
zu lang ist, dann kürzen Sie Ihr Zeitbudget
hier radikal. Nicht jede E-Mail muss in voll-
endeter Sprache verfasst sein. Richten Sie in
Ihrem Mailprogramm Vorlagen ein, die mindestens Ihre Grußformel und vielleicht auch
noch Ihre Kontaktdaten wie Ihre Funktion,
die Adresse mit Telefonnummern und die
Homepage enthalten.
Fassen Sie sich kurz – diese Angaben reichen:
● Worum geht es?
● Wen betrifft es?
● Gibt es einen Zeitrahmen?
Manchmal passt Ihr komplettes Anliegen
auch in die Betreffzeile – zum Beispiel:
»Komme morgen um 9.30«. Wenn Sie so
arbeiten, reduzieren Sie die Zeit, die Sie für
Ihre Mails aufwenden, auf Sekunden.

Ähnliches gilt für das Telefon: Bleiben Sie
höflich, aber bleiben Sie bei den Fakten,
wenn Sie keine Zeit verschwenden möchten.
Vermeiden Sie Anrufe bei Quasselstrippen,
kommunizieren Sie mit diesen Personen lieber per Mail oder Fax. Apropos Fax: Es ist
durchaus nicht unhöflich, wenn Sie als Antwort ein paar handschriftliche Zeilen auf den
entsprechenden Brief schreiben und diesen
dann durch Ihr Fax jagen. Es geht auf jeden
Fall sehr viel schneller, als wenn Sie jedes Mal
einen formvollendeten Brief auf Geschäfts-
papier verschicken. Aber natürlich kommt
es immer auf Ihre Position und die Situation
an, ob so ein Vorgehen angemessen ist. Doch
ob es nun der Geschäftsbrief oder zu viel Ablenkung ist, was Ihnen die Zeit raubt – finden
Sie es möglichst schnell heraus! Die passende
Liste im Anhang hilft Ihnen dabei (Seite 170).

Kein Platz für Zeiträuber

»Wir müssen draußen bleiben!« Sicher kennen Sie diese Schilder an den Türen von
Bäckereien oder Metzgereien. Sie beziehen
sich auf Begleithunde aller Art. Warum hängen Sie sich nicht so ein Schild an Ihre Büro-
tür? Es würde Sie immer wieder daran erinnern, dass Sie Zeiträuber-Schweinehunde
nicht an Ihrem Arbeitsplatz haben möchten.
Und vielleicht wirkt es auch auf die widerborstigen Begleiter Ihrer Kollegen? Mit
etwas Glück bleiben die Schweinehunde

Ihrer Mitmenschen vor der Tür. Schließlich ist es schon schwierig genug, den eigenen Schweinehund zahm im Körbchen zu halten.

Ihr Büro: Aushängeschild oder Chaoshölle?

Schauen Sie sich mal in Ihrem Büro um: Alles schön ordentlich? Oder ähnelt Ihr Arbeitsplatz dem Innenleben einer Altpapiertonne? Dann hat der Schweinehund sich bestimmt etliche gemütliche Ecken eingerichtet, in denen er sich ungestört schöne, neue Sabotageakte einfallen lassen kann.

Fakt ist: Wenn Ihnen das Chaos über den Kopf wächst, schaden Sie nicht nur Ihrer Arbeitsmoral, sondern auch Ihrer Karriere. Einer Umfrage zufolge geben 70 Prozent aller Top-Manager solchen Mitarbeitern den Vorzug, die an aufgeräumten Schreibtischen arbeiten. Besorgen Sie sich also eine Mülltonne und legen Sie los. Falls es Ihnen schwerfällt, holen Sie sich doch Anregungen und praktische Tipps im Ratgeber »Entrümpeln mit dem inneren Schweinehund«.

Mit System: Vom Posteingang bis zur Ablage

Kennen Sie jemanden, dem das Thema Ablage richtig Spaß macht? Wenn ja, handelt es sich wahrscheinlich um einen Berater, der sich darauf spezialisiert hat. Die meisten Büromenschen schlagen einen großen Bogen darum – und ihr Schweinehund ist ganz froh darüber. Ablage ist langweilig, staubig und nervig. Aber was hilft's? Wenn Sie kein eigenes Sekretariats-Personal haben, müssen Sie da durch. Und letztendlich spart Ihnen ein gutes Ablagesystem eine Menge Zeit, weil Sie nicht ständig irgendetwas suchen müssen. Deshalb: Machen Sie sich die Sache doch so einfach wie möglich!

Schritt 1: Reihen statt stapeln

Besorgen Sie sich eine Vorrichtung, in der Sie Hängeregister ablegen können. Es gibt sie als fahrbare Wagen, als Innenleben von Schubladen oder als Kästen. Suchen Sie sich ein System aus, das zu Ihrer Arbeitsstruktur passt. Sie können die Mappen nach Kunden sortieren, nach Projekten, Produkten oder nach Arbeitsschritten. Versehen Sie jede Mappe mit einem aussagekräftigen Titel. Dann misten Sie Ihre Stapel aus und sortieren die jeweiligen Unterlagen in die entsprechenden Mappen. Und? Wie sieht Ihr Büro jetzt aus? Wenn Sie jetzt auf einen ziemlich vollen Mülleimer, auf eine gut strukturierte Hängeregistratur

DAS KANN WEG!

Veraltete Drucksachen:

- Werbung – die meisten Angebote gibt es auch im Internet.
- Zeitungen – wichtige Artikel finden Sie auch im Online-Archiv.
- Publikumszeitschriften – wozu brauchen Sie Sommermodetipps im Herbst?
- Fachzeitschriften – nur aufbewahren, wenn die Beiträge nicht anderweitig zu bekommen sind.
- Telefonbücher – auch diese Information bekommen Sie genauso gut im Internet.
- Nachschlagewerke – gibt es auch auf CD.
- Straßenkarten, Atlanten – falls nötig, die alten gegen aktuelle austauschen.
- Gebrauchsanweisungen – von Geräten, die Sie längst ausgemustert haben.
- Fachbücher – Klassiker sind oft hilfreich, die restlichen kommen ins Altpapier.
- Vorgänge – die die gesetzlichen Aufbewahrungsfristen überschritten haben.

Technik, die nicht mehr gebraucht wird:

- Computerfragmente und -teile – vor allem von bereits ausgemusterten Computern.
- Speichermedien – denn vermutlich verfügt Ihr Computer schon über kein Diskettenlaufwerk mehr.
- Telefone – Sie werden sicherlich keines davon je wieder anrühren, auch wenn es noch funktioniert.

- Antike Präsentationsmedien – zum Beispiel Diaprojektor, Super-8-Projektor ...
- Bildschirme – falls Ihr jetziger streikt, kaufen Sie lieber gleich einen neuen.
- Alte Schreibtischlampen – auch wenn sie einmal schick gewesen sein sollen.

Ungenutzte Möbel:

- Wackelige Schreibtischstühle – auch Besucher wollen darauf nicht sitzen.
- Ausrangierte Tische – darauf lagert sich ohnehin nur Gerümpel ab.
- Mappenwagen – wenn Sie keinen verwenden möchten.

Unansehnliches Grünzeug:

- Ungepflegte oder tote Topfpflanzen – kaum etwas wirkt weniger einladend.
- Ungeziefer-Gehege – wenn Ihre Pflanzen befallen und nicht mehr zu retten sind, sofort weg damit!

Büromaterial, das Sie nicht verwenden:

- Ordner, die nicht zu Ihrem bevorzugten Ablagesystem passen.
- Stifte, die Sie nicht gern benutzen oder die nicht mehr funktionieren.
- Werbegeschenke – alles, was schäbig, billig oder hässlich ist.
- Wandkalender – wenn Sie ohnehin nicht damit arbeiten.

und auf einen blanken Schreibtisch blicken, haben Sie gute Arbeit geleistet. Doch nicht nur das: In Zukunft haben Sie alle Vorgänge gleichzeitig im Blick, müssen nicht lange suchen oder von einer Schreibtischseite auf die andere umstapeln und dabei viel Zeit vertrödeln – was natürlich Ihr Schweinehund bedauern wird.

Schritt 2: Archiv anlegen

Ihr Mappenwagen ist Ihr Assistent für aktuelle Vorgänge. Alles, was Sie abgeschlossen haben, muss in Ihr Archiv umziehen oder landet in der Mülltonne. Wenn Sie viel Platz im Büro haben, können Sie große Registraturschränke oder Schubladensysteme aufbauen. Hier landen alle Mappen, deren Inhalt Sie dauerhaft archivieren möchten. Wenn Ihnen das nicht gefällt oder nicht in Ihre Räume passt, dann legen Sie sich ein Archivregal mit ganz gewöhnlichen Ordnern zu. Und was nicht in einen Ordner passt, landet in sogenannten Stehsammlern.

Schritt 3: Schreibtisch frei halten

Einmal am Tag dürfen Sie stapeln: Ihre Eingangspost am Morgen. Und so tragen Sie den Stapel ab: Werfen Sie zuerst alles weg, was Sie nicht interessiert – natürlich ungeöffnet! Prüfen Sie dann, welche unwichtigen beziehungsweise nur vorgeblich dringenden Vorgänge Sie ebenfalls in der Tonne versenken können. Die übrige Post delegieren Sie und schaffen sie sich so vom Hals. Übrig bleibt, was dringend und wichtig ist. Das

erledigen Sie möglichst sofort – falls Sie es nicht auch delegieren können. Wichtige und nicht dringende Angelegenheiten – also Ihre persönlichen Priorität-B-Aufgaben – sortieren Sie in Ihre Hängeordner ein und machen eine entsprechende Notiz in Ihrem Kalender, damit Sie sie nicht vergessen. Je nach persönlichem Zeitmanagement-System schauen Sie jetzt in Ihren Kalender oder auf Ihre To-do-Listen, was heute ansteht. Nehmen Sie die entsprechenden Mappen aus Ihrer Registratur, erledigen Sie die jeweilige Aufgabe und hängen die Unterlagen wieder zurück. Klingt tatsächlich ganz einfach, oder?

Ablage-Tipps für jeden Typ

Effiziente Zeitmanager: Eine effiziente Ablage haben Sie wahrscheinlich schon längst entwickelt. Wenn Sie Ihre Systematik noch verfeinern wollen, dann besorgen Sie sich am besten Fachliteratur zum Thema Ablage. Oder Sie schauen sich die Website von Büro-Aufräumprofi Edith Stork an (www.a-p-dok.com) – hier finden Sie sicher noch den einen oder anderen hilfreichen Tipp.

Zuverlässige Zeitmanager: Ihr Mappenwagen und Ihr Archiv sind dazu da, Ihnen die Arbeit leichter zu machen – nicht komplizierter! Versuchen Sie also, beim Sortieren, Archivieren und Wegwerfen ein bisschen großzügig zu sein. Damit Sie sich regelmäßig daran erinnern, können Sie ruhig ein paar störende Mappen in Ihr System einsortieren. Diese betiteln Sie mit »Unsinn« und legen ein paar Comics hinein, die Ihre strenge Ordnung ein wenig aufs Korn nehmen.

Spontane Zeitmanager: Eigentlich sind Sie für so etwas Systematisches wie Ablage überhaupt nicht geeignet. Hängeregistraturen sind Ihnen vermutlich zu kleinteilig und zu bürokratisch. Vielleicht versuchen Sie es mal mit großen Körben oder Kisten, die Sie in Reichweite auf den Boden stellen? Wählen Sie einfache Kategorien wie »zukünftige Projekte«, »laufende Projekte« und »Freizeit« und werfen Sie dort alles hinein, was hinein gehört. So können Sie zumindest Ihren Schreibtisch frei halten und müssen nicht mehr ganz so viel suchen. Nach einer Weile misten Sie Ihre Kisten am besten komplett aus und überlegen sich dabei vielleicht wieder ein neues System.

Emotionale Zeitmanager: Entwerfen Sie eine Systematik, die sich streng an den Erfordernissen Ihres Jobs orientiert und weniger an dem, was Sie sonst gerne tun. Um sich und Ihren Schweinehund jedoch bei Laune zu halten, können Sie zum Beispiel einige Schmankerl zwischen Ihre Mappen schleusen: eine Mappe für private Postkarten, eine für Kinderbilder oder für skurrile Fundstücke.

Schnelle Hilfe gegen die E-Mail-Flut

Bekommen Sie jeden Tag eine Vielzahl an E-Mails, wovon aber nur ein kleiner Anteil einigermaßen interessant für Sie ist? Regen Sie sich darüber nicht auf, reagieren Sie auf die zahllos angebotenen Potenzmittel, gefälschte Universitätsdiplome, falsche Golduhren und sonstige zwielichtige Angebote lieber mit Humor – und mit einem schnellen Druck auf die Löschtaste. Haben Sie weder Zeit noch Lust, sich PowerPoint-Präsentationen mit erbaulichen Reimen, private Pannenfilme, unzählige Pressemitteilungen und ungefragt zugesandte Newsletter anzuschauen, schicken Sie auch diese sofort ins digitale Nirwana. Und teilen Sie den Absendern höflich, aber bestimmt mit, dass Sie keine weiteren Mails mehr wünschen.

Außerdem können Ihnen folgende Tipps helfen, die E-Mail-Flut in den Griff zu kriegen beziehungsweise gelassen abfließen zu lassen:

Checken Sie nicht alle paar Sekunden Ihre Mails – auch wenn Ihr Schweinehund das sehr gern als Ablenkungsmanöver einsetzt. Rufen Sie Ihre Post lieber zu festen Zeiten gebündelt ab. Wie oft Sie das tun, hängt allein von den Gegebenheiten Ihres Jobs ab: Als Einkäufer von Restposten-Angeboten sollten Sie natürlich viel schneller auf Mails reagieren als ein Wissenschaftler, der auf die Erforschung der Backsteingotik spezialisiert ist.

Richten Sie sich eine Ordnerstruktur ein, die Ihrer Arbeitsstruktur entspricht. Ordnen Sie zum Beispiel nach Kunden oder nach Projekten. Auch hier gibt es keine Patentlösung, weil jeder Job andere Anforderungen hat. Probieren Sie am besten aus, ob Sie zusätzlich mit Unterordnern arbeiten wollen – und wie viele davon Sie praktikabel finden.

Mail-Tipps für jeden Typ

Für effiziente Zeitmanager: Sie beherrschen die Kunst der effektiven Mail-Kommunikation so perfekt, dass Sie auf manchen Adressaten möglicherweise sogar etwas unhöflich wirken. Vor allem bei wichtigen Geschäftskontakten sollten Sie daher regelmäßige persönliche Treffen arrangieren, um diesen Eindruck zu vermeiden oder zu widerlegen.

Für zuverlässige Zeitmanager: Drücken Sie jeden Tag ein bisschen mutiger auf die Löschtaste. Sie müssen nämlich nicht unbedingt jede Mail archivieren, um sich im Job abzusichern. Wenn Ihnen das Löschen aber zu viel Bauchschmerzen bereitet, verschieben Sie alle fraglichen Mails in ein »Zwischenlager«. Spätestens nach einem Jahr löschen Sie dann alles in diesem Ordner, was Sie bis dahin nicht gebraucht haben. Widerstehen Sie auch der Versuchung, alle von Ihnen verfassten und verschickten Mails an möglichst viele Personen in Kopie zu senden – wiederum mit dem Hintergedanken, sich abzusichern. Sie machen sich unbeliebt, wenn Sie zu viele nutzlose Informationen durch die Gegend schicken. Und auch das kostet unnötig Zeit!

Für spontane Zeitmanager: Verschwenden Sie Ihre Zeit nicht damit, komplizierte Ordnerstrukturen anzulegen, an die Sie sich später ohnehin nicht halten.

Vielleicht fällt es Ihnen leicht, sich an die Namen der Mail-Absender zu erinnern, an Stichworte aus den Betreffzeilen oder an Auszüge aus den Mailtexten? Dann lassen Sie ruhig alle Nachrichten im Posteingang stehen, oder legen Sie einen einzigen Sammelordner an. Fahnden Sie bei Bedarf mit der Suchfunktion Ihres Mailprogramms über die betreffenden Stichwörter nach einzelnen Nachrichten. Das funktioniert erstaunlich gut und schnell!

Für emotionale Zeitmanager:

Geben Sie sich nicht sofort jeder Nachricht hin. Auch dann nicht, wenn die Verlockung sehr groß ist – wenn sich alte Freunde oder Familienmitglieder per Mail melden. Wenn Sie im Job Zeit sparen wollen, treffen Sie sich lieber persönlich in Ihrer Freizeit – davon haben Sie beide mehr als von langen Mails.

Alles in allem haben Sie Ihr Zeitmanagement im Job sicherlich schon ganz gut im Griff und wissen, worauf Sie achten und was Sie lieber lassen sollten. Und vor allem haben Sie erfahren, wie Sie Ihren inneren Schweinehund bei Laune halten beziehungsweise seine Sabotageversuche schon in ihren Anfängen durchkreuzen können. Doch unsere Tage bestehen zum Glück nicht nur aus Arbeit. Auch zu Hause gibt es viele Möglichkeiten und Gelegenheiten, wie Sie Zeitfallen aufdecken und zusätzliche freie Zeit schaffen können. Und darum geht es im nächsten Kapitel!

SO BEHALTEN SIE DEN ÜBERBLICK

Richten Sie sich auch beim Bearbeiten Ihrer E-Mails nach dem Eisenhower-Prioritäten-Prinzip (siehe Seite 24):

1 Mails, die **weder dringend noch wichtig** sind:
Diese Nachrichten sollten Sie sofort löschen!

2 Mails, die **dringend** sind, aber nicht wichtig:
Möglichst auch weg damit. Falls das nicht möglich ist, antworten Sie kurz und knapp oder leiten sie an jemanden weiter, der sie bearbeiten soll.

3 Mails, die nicht dringend sind, aber **wichtig**:
Das sind Ihre Priorität-B-Angelegenheiten. Legen Sie fest, wann Sie sich das Thema vornehmen wollen, und machen Sie eine Notiz in Ihrem Kalender.

4 Mails, die **dringend und wichtig** sind:
Bearbeiten Sie diese am gleichen Tag, oder lassen Sie sie bearbeiten. Wenn Sie die Angelegenheit nicht direkt entscheiden können oder wollen, setzen Sie eine kurze Notiz in Ihren Kalender, wann Sie es tun.

4

Mehr Zeit im Alltag

Stellen Sie sich vor, Sie schauen am Ende Ihres Lebens zurück. Über welchen Gedanken würden Sie sich mehr freuen: »Ich habe so viel Schönes erlebt.« Oder: »Ich habe immer gebügelte Bettwäsche gehabt.« Machen Sie aus Ihrem stressigen Alllag eine schöne Zeit! Hier erfahren Sie, wie Sie das schaffen können, ohne dass Ihnen der Schweinehund dazwischenfunkt.

Zeitmanagement zahlt sich aus

Die gute Nachricht vorweg: Einen rundum perfekten Alltag brauchen Sie gar nicht anzustreben. Es gibt ihn nicht, und das ist auch ganz gut so. Falls Sie Familie haben, gehört ein bisschen Chaos einfach dazu. Nehmen Sie es mit Humor! Hier lesen Sie, wie Sie trotz allem ein wenig Struktur in Ihren Tagesablauf bekommen. Und wie Sie die Schweinehunde aller Familienmitglieder dazu bringen, ohne Murren mitzumachen.

Warum Zeitmanagement im Alltag so schwer ist

Sie wollen den ICE um 9.20 Uhr erreichen. Ihre Koffer sind gepackt, Sie selbst sind soweit fertig – aber die Kinder noch nicht. Ihre Jüngste möchte keine Hose anziehen, und steckt erst nach einem kleinen Nahkampf in den Klamotten. Dann endlich die Türe auf und los geht's. Doch plötzlich hören Sie Gepolter, dann Geheule. Ihr Sohn ist mitsamt seinem Koffer die Treppe hinuntergestürzt. Alles halb so wild, aber Sie müssen jetzt erst einmal ein Pflaster für seine aufgeschlagene Stirn suchen. Währenddessen hat sich Ihre Tochter die mühevoll angezogene Jacke schon wieder ausgezogen. Außerdem hat sie die Hosen voll und sucht ihr liebstes Kuschelkaninchen im Gepäck … Vielleicht haben Sie selbst Kinder, dann kennen Sie solche Situationen. Das ist ganz normal: Wo Kinder sind, ist Chaos.

Die Organisation des ganz normalen Alltags stellt Sie aber auch dann vor große Herausforderungen, wenn nur Erwachsene im Haus leben, oder wenn Sie alleine wohnen. Vielleicht befinden Sie sich immer wieder wütend vor Ihrem spärlich bestückten Kleiderschrank, weil keine gute Fee Ihnen die Hemden rechtzeitig gewaschen und gebügelt hat? Oder Sie kommen nach Hause, haben richtig Kohldampf, aber in Ihrem Kühl- wie auch Vorratsschrank herrscht mal wieder gähnende Leere?

Alltag ist harte Arbeit

Den eigenen Haushalt und Alltag am Laufen zu halten ist wirklich keine einfache Sache. Es ist vielmehr eine Arbeit, die man streng genommen gesetzlich reglementieren müsste – und zwar aus folgenden Gründen:

Es gibt keine Jobbeschreibung: Es gehört einfach alles dazu, was im Alltag anfällt. Einkaufen, Versicherungen abschließen, Putzen, Verwandtschaft zum Arzt bringen, die Reparatur der Heizung organisieren, Kochen, Finanzen verwalten – und nicht zuletzt Organisation und Zeitplanung für all diese Aufgaben.

Es gibt keine festen Arbeitszeiten: Manchmal müssen Sie abends um 20 Uhr noch durch den Supermarkt hetzen, morgens um 7 Uhr noch schnell bügeln oder von 2 bis 5 Uhr in der Nacht Ihrem schlaflosen Kind vorlesen.

Niemand schert sich um Ihre Qualifikation: Eine technische Gebrauchsanleitung ist für Sie grundsätzlich ein Buch mit sieben Siegeln, trotzdem müssen Sie Ihre Waschmaschine in Gang setzen. Und um den tropfenden Wasserhahn dürfen Sie sich auch kümmern – ob Sie nun promoviert sind oder nicht.

Der Job ist stressig und eintönig: Es ist gar nicht so einfach, neben einem sehr fordernden Job auch noch den Alltag gut zu bewältigen – der anstrengend und monoton gleichermaßen sein kann. Jeden Tag erledigen Sie die gleichen Routinen in Küche oder Kinderzimmer: Das Abspülen von Pfannen und Sortieren von Plastikbausteinen stellt für Sie eine gravierende Unterforderung dar.

Es gibt keine Bezahlung: Sie sind Ihre eigene Hauswirtschafterin, Köchin, Gärtner und Chauffeur oder Ihr eigener Butler – alles selbstverständlich auf ehrenamtlicher Basis.

Ein Platz für Schweinehunde

Ihr Haushalt ist eine Art Wellness-Oase für Schweinehunde. Weil Sie sich von vielen Ihrer täglichen Arbeiten völlig unterfordert fühlen, haben Sie kaum eine Chance auf Flow-Erlebnisse, die Ihnen Erfolgs- und Glücksgefühle verschaffen (siehe Seite 69). Kein Wunder also, wenn Sie notwendige Tätigkeiten wie Staubsaugen, Bügeln oder Müll rausbringen gerne vor sich herschieben. Sie können sich nicht dazu aufraffen, weil Ihnen diese Dinge einfach keinen Spaß machen – und Ihr borstiger Geselle unterstützt Sie dabei natürlich gut und gerne.

Außerdem: Alles, was Sie geschafft haben, verschwindet ja sofort wieder. Ihr wunderbares Drei-Gänge-Mittagessen ist in 20 Minuten weggeputzt. Das aufgeräumte Kinderzimmer wird innerhalb von 45 Sekunden wieder in den »Originalzustand« versetzt. Und das morgens aufwendig gebügelte Hemd landet abends zerknittert und mit Tomatensoße garniert wieder im Wäschekorb. Im Haushalt geht es um laufende Wiederherstellung eines erwünschten Zustandes, also um Reproduktion – nicht um Produktion. Und weil der Schweinehund sichtbare Ergebnisse liebt, kann er natürlich reproduktive Tätigkeiten überhaupt nicht ausstehen.

Und ein weiterer Punkt, der wenig motivationsfördernd wirkt: Es gibt kaum bis gar keine Anerkennung. Wenn Sie alleine für die Familienarbeit zuständig sind, wird Ihr Arbeitseinsatz als selbstverständlich hingenommen. Weder die Öffentlichkeit noch Ihre eigene Familie finden Ihre Arbeit besonders bemerkenswert. Kein Wunder, dass der Schweinehund Ihnen jeden Tag in die Parade fährt. Er fühlt sich dafür zuständig, dass Sie regelmäßig eine angemessene Portion echte Anerkennung bekommen!

Zeit gewinnen im Alltag

Trotz aller Tücken und Anstrengungen ist es möglich, den eigenen Alltag einigermaßen erfolgreich in den Griff zu kriegen. Im Grunde funktioniert das genauso wie Ihr Zeitmanagement im Job (siehe »So gewinnen Sie Zeit im Job«, Seite 66 ff.). Allerdings sind hier und da ein paar Besonderheiten zu berücksichtigen. Lesen Sie nun, welche Herausforderungen im Alltag auf Sie warten können und wie Sie ein alltagstaugliches Zeitmanagement aufbauen, das wirklich zu Ihnen und Ihren Aufgaben passt.

Wer sind Sie?

Es gibt kein Zeitmanagement-System, das für jeden geeignet ist. Jeder Mensch lebt sein Leben anders und braucht deshalb auch eine andere – eine individuelle – Zeitplanung. Als erste Frage gilt es zu klären: Wer sind Sie? Schauen Sie sich dazu noch einmal das Kapitel zu den Lebensrollen an (siehe Seite 24). Ob Mutter oder Vater, ob Gemeinderatsmitglied oder Kinderkrippenvorstand, Tennisamateurin oder Mitglied im Laien-Kammerorchester – werden Sie sich zunächst über Ihre verschiedenen Rollen in den einzelnen Lebensbereichen klar. Und in einem zweiten Schritt auch darüber, was Sie in jeder einzelnen Rolle erreichen möchten.

Nehmen Sie dabei auch Ihre Persönlichkeit unter die Lupe. Fühlen Sie sich wohl, wenn jeden Tag eine andere Art von Trubel um Sie herum herrscht? Oder bevorzugen Sie feste Strukturen und vorhersehbare Abläufe in Ihrem Alltag? Dazu kann Ihnen der Test auf Seite 61 ff. Anhaltspunkte geben. Und Ihnen außerdem sagen, zu welchem Zeitmanagement-Typ Sie selbst zählen.

Wie leben Sie?

Es macht einen himmelweiten Unterschied, ob Sie im Zentrum einer Großstadt wohnen oder in der Abgeschiedenheit einer reizvollen Landschaft leben. Ob Sie in einem großen Haus wohnen oder in einer kleinen Etagenwohnung. Ob Sie allein leben, in einer Wohngemeinschaft oder mit drei Generationen unter einem Dach. Es spielt außerdem eine

Rolle, ob Sie angestellt sind, selbstständig arbeiten oder sich hauptsächlich um Haushalt und Kinder kümmern. Denn je nach Ihren persönlichen Rahmenbedingungen brauchen Sie ein individuelles Zeitmanagement. Rezepte von der Stange helfen Ihnen nämlich überhaupt nicht weiter.

Bestandsaufnahme

Grundlage Ihres neuen Zeitmanagements für den Alltag ist – genau wie beim Thema Job – eine genaue Bestandsaufnahme. Was tun Sie den ganzen Tag über? Wo bleibt Ihre Zeit? Welche Zeiträuber machen Ihnen das Leben schwer? Wenn Sie es bisher noch nicht getan haben: Führen Sie einige Zeit Buch über Ihren Tagesablauf. Unter Punkt »Schritt 1: Klarheit durch Selbstbeobachtung« finden Sie Beispiele dafür, wie Sie ein solches Tagesprotokoll am besten anfertigen – natürlich ganz Ihrem Naturell und Ihren Anforderungen entsprechend (siehe Seite 76 ff.). Mithilfe dieser Aufzeichnungen wird Ihnen ganz schnell klar werden, worauf Sie bei Ihrer Zeitplanung in Zukunft achten sollten.

Alle Termine unter einem Hut

Die Koordination von ganz unterschiedlichen Menschen mit völlig verschieden strukturierten Terminkalendern ist eigentlich eine Aufgabe für eine pfiffige Vollzeit-Sekretärin. Sie können diese Aufgabe aber auch am eigenen Küchentisch lösen. Und zwar so, dass möglichst jeder an seine Termine denkt, alle ihre gute Laune behalten und dabei auch noch genug Zeit für gemeinsamen Spaß übrig bleibt.

Ein gutes Zeitmanagement im Alltag auf die Beine zu stellen, ist tendenziell sogar noch schwieriger als im Job. Sie fragen sich, warum? Dafür gibt es mehrere Gründe: Anders als beim Zeitmanagement im Job sind Sie – zumindest als Familienmanagerin oder -manager – viel stärker mit Ihrem »Team« verwoben. Das kann zum einen an der existenziellen Abhängigkeit von einzelnen Familienmitgliedern liegen, die möglicherweise auf Ihre Hilfe angewiesen sind.

Wenn Sie beispielsweise einen Säugling oder einen alten Menschen zu betreuen haben, können Sie nicht strikt Ihre Arbeiten bündeln oder sich eine Auszeit nehmen, wenn Sie es gerade möchten. Zum anderen spielt in jedem Falle die starke emotionale Verbindung zwischen den einzelnen Familienmitgliedern eine wichtige Rolle: Für viele Menschen ist es weitaus schwieriger, mit dem Partner oder der Partnerin Klartext zu reden als mit einem Arbeitskollegen. Das

macht vor allem das Delegieren und Setzen von Grenzen schwierig. Dazu kommt noch ein weiterer Grund: Die Dauer mancher Tätigkeiten, die Sie zu Hause ausführen, lässt sich nicht so exakt bemessen, wie das im Beruf möglich ist. So räumen Sie zum Beispiel die Spülmaschine normalerweise in fünf Minuten aus. Wenn Ihnen allerdings Ihr Kleinkind dabei hilft, dauert es bestimmt eine Viertelstunde. Und genau solche Gründe sind es, die Ihr Zeitbudget insgesamt kleiner ausfallen lassen als im Job. Unvorhergesehenes in Haushalt und Familie jedoch ist ganz normal und funkt Ihnen täglich aufs Neue in Ihre Zeitplanung. Daher die Faustregel: Verplanen Sie höchstens 50 Prozent Ihrer Zeit, am besten noch weniger.

Nur in einem einzigen Punkt ist Ihr Zeitmanagement zu Hause einfacher als im Job: Vieles wiederholt sich jede Woche – zum Beispiel die regelmäßigen Sport-, Musik- oder Vereinsstunden sowie die Haushaltsroutinen, die wöchentlich auf dem Programm stehen.

Berufen Sie eine Familienkonferenz ein

Die Idee der »Familienkonferenz« geht auf den US-amerikanischen Psychologen und Psychotherapeuten Dr. Thomas Gordon zurück. Ihm ging es darum, aus dem Verhältnis zwischen Eltern und Kindern eine gelungene Beziehung zu machen. Seine Grundsätze hielt er bereits 1970 fest – hier einige der zentralen Punkte:

Ich-Botschaften: Offenheit und Ehrlichkeit sind wichtige Grundlagen einer gelungenen Beziehung – ob in einer Freundschaft, einer Partnerschaft oder einem verwandtschaftlichen Verhältnis. Ein einfacher, aber äußerst wirkungsvoller Weg, das zu erreichen, führt über sogenannte Ich-Botschaften. Das heißt: Jeder sagt, was er denkt und fühlt, wie er etwas erlebt und was ihn bewegt. Im Grunde klingt das ganz einfach und alltäglich. Wenn Sie aber einmal bewusst darauf achten, wird Ihnen auffallen, wie oft Menschen nicht von sich sprechen. Da wird vielmehr nach außen projiziert und alles Mögliche in den anderen hineininterpretiert – etwa in der Art: »Das machst Du nur, um mich zu ärgern!« Mithilfe von Ich-Botschaften (wie etwa: »Ich wünsche mir … – was brauchst Du, damit das klappt?«) fällt es leichter, das eigene Verhalten auf andere abzustimmen und gegebenenfalls zu ändern!

Klares Handeln: Sicherheit und Vertrauen entsteht, wenn Eltern klar und angemessen handeln. Das heißt: Eltern mischen sich nicht ungefragt in die Angelegenheiten ihrer Kinder ein, sondern stellen sich vielmehr als Helfer zur Verfügung, die jederzeit um Unterstützung gebeten werden können.

Aktives Zuhören: Kindern fällt es oft schwer, ihr Anliegen klar und eindeutig zu formulieren. Sie kommen eher mit Klagen oder Anschuldigungen, neigen zu Gefühlsausbrüchen oder sogar zu Selbstvorwürfen. Die Aufgabe der Eltern ist es, das Gesagte mit eigenen Worten zu wiederholen und gemeinsam mit dem Kind zu reflektieren, um welche Fakten, Meinungen und Gefühle es ihm eigentlich geht.

Gleichberechtigung leben: Eine Familienkonferenz ist keine Verhandlung, bei der Macht ausgeübt wird oder eine Seite die andere über den Tisch zu ziehen versucht. Ganz im Gegenteil: Die Bedürfnisse der Eltern und der Kinder werden als grundsätzlich gleichwertig anerkannt. Ziel der Familienkonferenz ist es daher, dass möglichst jeder als Gewinner daraus hervorgeht.

Wenn Sie nun vorhaben, Ihr neues Zeitmanagement in Angriff zu nehmen, dann können Sie das nicht ohne Ihre Familie oder Ihre Mitbewohner durchziehen. Deshalb bietet sich eine Familien- beziehungsweise WG-Konferenz an. Folgendes sollte auf jeden Fall auf der Tagesordnung stehen:

- Was stört Sie an der aktuellen Situation? Nennen Sie Beispiele, ohne jedoch Vorwürfe zu machen.
- Welche Änderungen wünschen Sie sich? Geben Sie konkrete Beispiele an.
- Wozu sind die anfänglichen Tagesprotokolle gut?
- Wie wollen Sie gemeinsam mit Ihren Familienmitgliedern die Tagesprotokolle anfertigen?
- Welche Zeitmanager-Typen gibt es in der Familie?

Kalkulieren Sie ein, dass möglicherweise nicht alle Familienmitglieder sofort hellauf begeistert von Ihrem Vorhaben sein werden. Vor allem diejenigen nicht, die damit rechnen müssen, dass in Zukunft mehr häusliche Pflichten auf sie zukommen. Deshalb ist es wichtig, dass Sie die Vorteile einer neuen Zeitplanung klar auf den Tisch legen. Sicher fallen Ihnen über die folgenden Argumente hinaus noch einige mehr ein:

- mehr Zeit für Spaß und Entspannung
- weniger Zeitaufwand für Hausarbeit
- weniger Streit um die Aufgabenverteilung
- ein schöneres Zuhause
- _____
- _____
- _____
- _____

Tagesprotokolle gemeinsam führen

Wenn Sie es für Ihre Situation passend finden, führen Sie die Tagesprotokolle gemeinsam mit Ihren Familien- beziehungsweise WG-Mitgliedern. Allzu private Rubriken wie »Gedanken und Gefühle« müssen nicht unbedingt auf dieser Liste erscheinen – das kann jeder für sich im stillen Kämmerchen notieren. Auf dem gemeinsamen Plan dagegen können alle angeben, was sie den ganzen Tag lang tun. Machen Sie sich einen Spaß daraus – es geht bei dieser Bestandsaufnahme nicht darum, dass sich jeder für seine Tätigkeiten – oder sein Nichtstun – rechtfertigen muss. Es geht vielmehr um eine Datengrundlage, die dazu dient, mehr freie Zeit für alle herausknobeln zu können.

Werten Sie Ihre Tagesprotokolle aus

Berufen Sie wieder eine Familienkonferenz ein und schauen Sie sich Ihre Tagesprotokolle gemeinsam an. Klären Sie folgende Fragen:
- Was läuft gut?
- Was nervt?
- Wofür wollen wir mehr Zeit haben?
- Ist jemand überlastet?
- Wie können wir die bemängelten Punkte ändern?

Wichtig dabei ist: Jeder darf seine Meinung sagen. Werten Sie nicht, rechtfertigen Sie sich nicht und machen Sie keine Vorwürfe.

Aktion

WIE LANGE DAUERT WAS?

Pinnen Sie eine Liste an die Wand, in der alle Beteiligten ihre persönlichen Durchschnittszeiten für Tätigkeiten eintragen können, die Sie typischerweise delegieren – oder gerne öfter delegieren würden. Hängen Sie am besten eine Stoppuhr daneben – sie kann im Vorbeigehen zum Mitmachen animieren und zur Überprüfung benutzt werden. Notieren Sie die Durchschnittszeiten zum Beispiel für:
- Tisch decken/abräumen
- Küche wischen
- Mülleimer ausleeren
- Einkaufen gehen
- Flaschen zum Glascontainer bringen
- Spülmaschine ein-/ausräumen
- Wohnzimmer staubsaugen
- Waschmaschine befüllen
- Wäsche auf-/abhängen
- ein Hemd bügeln

So haben Sie eine gute Diskussionsgrundlage für die Verteilung der Arbeiten.

Wenn Sie befürchten, dass in dieser Konferenz eine Bombe hochgeht, dann holen Sie einen möglichst neutralen Konferenzleiter dazu. Das kann ein Freund der Familie sein, ein Nachbar oder eine andere Person, die über ein ruhiges Naturell und über einen ausgeprägten Gerechtigkeitssinn verfügt.

117

Wagen Sie den Typen-Test!

Es ist einen Versuch wert: Finden Sie gemeinsam heraus, welche Zeitmanager-Typen in Ihrer Familie oder Ihrer Wohngemeinschaft leben. Den entsprechenden Test finden Sie auf Seite 61 ff. Sprechen Sie über die Testergebnisse, aber seien Sie dabei nicht zu streng – schließlich handelt es sich nur um eine grobe Typisierung, die den einzelnen Persönlichkeiten natürlich nicht in allen Details gerecht werden kann. Die Ergebnisse können Sie aber dafür nutzen, Verständnis für die möglicherweise doch recht unterschiedlichen Zeitmanagement-Vorstellungen in Ihrer Familie zu entwickeln. Und Meinungsverschiedenheiten in Zukunft mit mehr Humor zu klären.

Das Zusammenleben mit effizienten Zeitmanagern

Haben Sie einen typisch effizienten Zeitmanager in der Familie? Dann haben Sie einerseits ein wahres Organisationstalent in Ihren Reihen, andererseits aber wahrscheinlich auch immer wieder Konflikte zwischen ihm und den weniger rational strukturierten Familienmitgliedern zu ertragen.

So kann es einen Familienvater, der auf Effizienz Wert legt, zum Beispiel auf die Palme bringen, wenn sein Sohn den Rasen nicht nach dem gleichen, ausgeklügelten Bahnensystem mäht wie er selbst. Eine effiziente Mutter organisiert vielleicht das Wochenende so, dass möglichst viele Verwandtenbesuche nacheinander abgehakt werden können, und hat überhaupt kein Verständnis dafür, wenn ihr optimaler Zeit- und Fahrplan wegen irgendwelcher Gefühlsduseleien durcheinandergebracht werden soll. Kurz gesagt: Effiziente Zeitmanager sind sehr gute Zeitmanager. Sie sind aber gelegentlich so rigide in ihren Vorstellungen und in ihrem Vorgehen, dass sie über die Bedürfnisse und Gefühle anderer hinweggehen – über ihre eigenen übrigens auch. Sie sind Meister des Optimierens, aber manchmal auch Opfer ihrer eigenen Optimierungslust.

Der Effiziente und seine Küche

Sie ist nicht unbedingt schön, aber sehr praktisch eingerichtet. Überall stehen Küchengeräte, die nicht aufgrund ihrer Ästhetik ausgesucht wurden und auch nicht unbedingt zu den besseren Kochergebnissen beitragen, die aber eine Menge Zeit sparen. So zum Beispiel der elektrische Kräuterhacker, der die Kräuter zwar zu Mus macht, mit dem das Zerkleinern aber mindestens vier Minuten schneller geht als per Handarbeit mit dem Küchenmesser. Der effiziente Zeitmanager kocht ohnehin nicht besonders raffiniert, aber nahrhaft und blitzschnell. Alle seine Geräte stehen im optimalen Abstand zueinander, damit er keine unnötige Zeit mit Hin- und Herlaufen verplempert.

Der Effiziente und sein Wohnzimmer

Auch hier regiert weniger der Geschmack als vielmehr die Pragmatik: Um den Weg zum Fitness-Studio zu sparen, baut der effiziente Zeitmanager seinen Hometrainer einfach mitten im Wohnzimmer auf. Am liebsten direkt vor dem Fernsehgerät, denn so lassen sich zwei Tätigkeiten nutzbringend verbinden. Möchte der Effiziente auch noch die Zeit für den Weg zum Kino und die entsprechenden Kosten sparen, installiert er ein eigenes Heimkino. Überhaupt findet er es schön, möglichst viel praktische Technik rund um sein Sofa in Reichweite zu haben. Allein mit seinen sieben Fernbedienungen – mit der sich auch jede Wohnzimmerlampe und nach Möglichkeit sogar die Gartenbeleuchtung ansteuern lassen – spart er viele zeitraubende Wege.

Der Effiziente und sein Kinderzimmer

Das Zimmer eines effizient veranlagten Kindes hat eine ganz eigene Logik, die sich Ihnen möglicherweise nicht auf Anhieb erschließt. Vielleicht müssen Bücher im Bett verstaut werden, damit sie nach dem Aufwachen ohne Zeitverlust sofort zur Lektüre griffbereit sind. Schmutzwäsche muss zunächst unter dem Bett gesammelt werden, bevor sie dann auf einmal zum Wäschekorb gebracht wird. All das spart Wege – und Zeit!

Bloß keine Zeit verlieren!

Das ist unsere Devise. Deshalb treibt mein Mensch sich und andere immer zur größtmöglichen Effizienz. Möglichst schnell möglichst viel schaffen! Sonst hinterlässt man im Leben doch gar keine Spuren – weder als Schweinehund noch als Mensch! Das wusste schon der römische Philosoph Seneca: »Nicht lange, sondern genug zu leben, sei unsere Sorge. Denn um lang zu leben, benötigst du das Schicksal, um genug zu leben, deinen Entschluss. Lang ist das Leben, wenn es vollständig ist, es wird aber vollständig, wenn die Seele sich (…) die Herrschaft über sich selbst zu eigen gemacht hat.« Für Seneca hat jemand, der sein Leben in Müßiggang verbracht hat, nicht gelebt, sondern nur im Leben verweilt. Ich bin mit ihm da ganz einer Meinung. Deshalb lege ich mich mit allen Schweinehunden an, die ihre Menschen zum Nichtstun oder zu sinnlosem Herumwursteln verleiten.

Das Zusammenleben mit zuverlässigen Zeitmanagern

Wer einen zuverlässigen Zeitmanager im Haus hat, kann froh sein. Er kümmert sich einfach um alles: Die Heizung wird regelmäßig gewartet, die Rechnungen werden pünktlich bezahlt, und es passiert nie, dass der Kühlschrank nach Ladenschluss leer ist. Geplante Projekte wie Entrümpeln oder Renovieren werden zuverlässig umgesetzt. Und regelmäßige Termine wie etwa die Mülltonne auf die Straße stellen werden selbstverständlich eingehalten – auch wenn sie keinen Spaß versprechen.

Das Sicherheitsbedürfnis und das ausgeprägte Pflichtgefühl des zuverlässigen Zeitmanagers haben aber eine Kehrseite: So können die Gewohnheiten eines typischen Vertreters der Spezies »zuverlässiger Familienvater« etwas starr sein oder sich sogar zu zeitraubenden Marotten entwickeln – vor allem beim Heimwerken oder im Umgang mit dem Auto. Und mehr noch: Was so ein Mensch von langer Hand geplant hat, kann er spontan nicht so leicht verändern. Mütter dieses Typs sind gelegentlich etwas angespannt, weil sie sich zu viele Pflichten aufbürden. Konflikte zwischen den Generationen kann es vor allem dann geben, wenn die Kinder andere Vorstellungen von Pünktlichkeit an den Tag legen als ihre Eltern. Oder wenn der Nachwuchs seine häuslichen Pflichten nicht so zügig erledigt, wie Vater oder Mutter sich

das vorstellen. In Wohn- oder Bürogemeinschaften können die Wogen hochschlagen, wenn ein besonders zuverlässiger Zeitplaner auf der pünktlichen Einhaltung von Putzplänen besteht. Oder darauf, dass er das Licht später als die Kollegen ein- und früher wieder ausschaltet – das solle doch bitte in der Abrechnung berücksichtigt werden.

Der Zuverlässige und seine Küche

Angenommen, der zuverlässige Zeitmanager in Ihrem Haus ist hauptverantwortlich für alles, was in der Küche geschieht. Dann finden Sie hier voraussichtlich eine Vielzahl von Uhren und Weckern, damit Garzeiten ganz genau eingehalten werden und dergleichen mehr. Und überhaupt – damit sich in der Küche niemand verbummelt. Außerdem gibt es dort Checklisten für den korrekten Gebrauch von Küchengeräten, für den Einkauf und zum Putzen. Der Grund dafür: Wer solche Kontrolllisten benutzt, der muss nicht immer wieder alles neu überdenken – das kostet ja wiederum Zeit. Außerdem vergisst er nichts – und doppelte Wege bedeuten schließlich doppelten Zeitaufwand!

Der Zuverlässige und sein Wohnzimmer

Das Wohnzimmer eines zuverlässigen Zeitmanagers ist auffallend ordentlich, dafür aber nicht sehr gemütlich. Die Einrichtung ist so gewählt, dass der – möglicherweise vollautomatische – Staubsauger auch wirklich in jede Ecke und Ritze kommt. Langlebigkeit zeichnet die Möbel aus, nicht unbedingt aber Geschmack. Möglicherweise werden wertvolle Ausstellungsstücke hinter Vitrinenglas präsentiert, damit sie sicher stehen und keine Zeit zum Abstauben verschwendet werden muss. Vielleicht hat der zuverlässige Zeitplaner auch ein genaues Stoßlüft-System ausgeklügelt, das er täglich streng nach der Uhr absolviert.

Der Zuverlässige und sein Kinderzimmer

In diesem Zimmer hat alles wirklich seinen festen Platz. Aufräumen fällt dem zuverlässigen Kinderzimmerbewohner daher leicht, und er investiert dafür auch gerne eine Menge Zeit. Der Grund liegt auf der Hand: Unordnung belastet ihn. Für einen Zuverlässigen ist es eine Katastrophe, wenn er etwas nicht sofort findet. Sehen Sie Ihrem Nachwuchs jedoch gelassen beim Sortieren von Buntstiften, dem Zurechtrücken seiner Buchreihen oder dem sorgfältigen Einparken von Modellautos zu. Und ziehen Sie keine vorschnellen Schlüsse in der Art »Dieses Kind ist ja übertrieben pedantisch!« Sie können nämlich nicht wissen, ob die derzeitige Ordnungsliebe in der Pubertätszeit nicht plötzlich doch noch ins Gegenteil – nämlich absolutes Chaos – umschlägt.

Keine Verschwendung von Zeit und Energie!

Pünktlichkeit und Regelmäßigkeit – darauf kommt es im Leben an. Wer sich an diese Prinzipien hält, der kann Großes leisten. Wie zum Beispiel Immanuel Kant – der bedeutende Denker und Philosoph. Jeden Morgen ließ er sich um 4.45 Uhr mit den Worten »Es ist Zeit!« von seinem Hausdiener wecken. Er unternahm jeden Tag zur gleichen Zeit einen Spaziergang und ging jeden Abend um 22 Uhr zu Bett. Kant verbrachte beinahe sein gesamtes Leben an einem Ort – in Königsberg. Alles in allem also ein leuchtendes Beispiel dafür, dass ein geregelter Tagesablauf einen Menschen viel weiter bringt als das spontane Springen von einer Tätigkeit zur anderen! Und dafür, dass das Herumreisen auch nichts anderes ist als Zeitverschwendung. Mein Herrchen und ich jedenfalls sind überzeugt davon: Das ist Verschwendung von Zeit und Energie – da machen wir nicht mit!

121

Das Zusammenleben mit spontanen Zeitmanagern

Ein spontaner Zeitmanager ist extrovertiert, kreativ und ein bisschen extravagant. Wo er auftaucht, wird es auf keinen Fall langweilig. Aus diesem Grunde ist er bei den einen sehr beliebt – vor allem bei Gleichgesinnten und bei den emotionalen Mitmenschen. Bei den anderen dagegen ruft er regelmäßig Stirnrunzeln hervor: Vor allem effiziente und zuverlässige Zeitmanager schätzen es nicht, dass die Spontanen unter ihnen immer wieder für Überraschungen sorgen, indem sie zum Beispiel hohe Risiken eingehen oder gemeinsame Absprachen nicht einhalten. So kommt die impulsive Schwiegermutter möglicherweise mal eine Stunde vor der vereinbarten Zeit zum Kaffee, beim nächsten Besuch dann dafür zwei Stunden zu spät. Der spontan veranlagte Gatte bucht Opernkarten für den gesamten Freundeskreis, ohne vorher Rücksprache zu halten, ob auch alle Zeit und Interesse haben. Impulsive Töchter wiederum vergessen beim Shopping völlig die Zeit und alle verabredeten Termine. Und Söhne, denen die Spontaneität in die Wiege gelegt wurde, können durchaus mal eine Nacht durch bis in die Morgenstunden mit ihrem Lieblingscomputerspiel verbringen – auch wenn am nächsten Morgen eine wichtige Klassenarbeit ansteht. Ähnlich verhält es sich beim Thema Urlaub: Am liebsten fährt der impulsive Zeitmanager einfach los, ohne sich vorher groß den Kopf zu zerbrechen oder irgendetwas zu organisieren. Vor Ort hat er dann ohnehin mehr als genug gute Ideen. Und wenn es ihm an einem Ort nicht gefällt, reist er eben woanders hin.

Der Spontane und seine Küche

Hier steht vieles, das neu, modern, innovativ und tendenziell unpraktisch ist. Die Küche ist wahrscheinlich ziemlich vollgestopft, weil impulsive Zeitgenossen zu Spontankäufen neigen. Besonders gut und schnell kann man daher in dieser Küche nicht arbeiten – das Hin- und Herräumen und Herumhantieren mit den vielen Gerätschaften braucht seine Zeit. Dem spontanen Zeitmanager ist das aber gleichgültig, er schaut ohnehin nur aus dem Grund auf seine Küchenuhr, um sich an ihrem exklusiven Design zu erfreuen. Doch nicht nur auf den Ablagen, auch im Kühlschrank befinden sich viele Impulskäufe. Bei einigen ist das Mindesthaltbarkeitsdatum schon abgelaufen – aber darauf zu achten, das ist dem impulsiven Typus zu kleinlich!

Der Spontane und sein Wohnzimmer

Auch hier befindet sich vieles, das zwar vielleicht mit Designpreisen ausgezeichnet wurde, aber zum Wohlfühlwert wenig beiträgt – zumindest empfinden das die eher nüchtern veranlagten effizienten und zuverlässigen Zeitmanagertypen so. Das Aufräumen und

Putzen des Wohnzimmers beansprucht aufgrund der hohen Krempeldichte sehr viel Zeit, die der spontane Zeitmanager meist nicht zu investieren bereit ist – wenn möglich leistet er sich lieber eine Putzfrau. Viel Zeit ist auch notwendig, um die Vielzahl an technischen Geräten in Schuss zu halten: vom Zimmerspringbrunnen über die elektrischen Rollläden bis zum High-Tech-Fernsehgerät mit Internetanschluss – irgendetwas funktioniert nämlich bei ihm immer nicht.

Der Spontane und sein Kinderzimmer

An der Tür wäre zum Beispiel folgendes Schild passend: »Versuchsfläche für angewandte Chaostheorie«. Aufräumen ist für ein impulsiv veranlagtes Kind so gut wie unmöglich. Es wird währenddessen von einer guten Idee zur nächsten getrieben und verbringt vermutlich mehr Zeit damit, neue Projekte zu beginnen, als tatsächlich aufzuräumen. Befinden sich ein Fernsehgerät und Computerspiele in seinem Zimmer, so lässt es sich in den Sog der Bilder hineinziehen und vergisst dabei völlig die Zeit. Daher ist es sinnvoll, TV und Spielkonsole aus dem Zimmer spontaner Kinder zu schaffen. Oder – falls Ihr Nachwuchs damit überhaupt nicht einverstanden ist – eine Weck- oder Zeitschaltuhr im Zimmer anzubringen, die das spontane Kind regelmäßig auf den Boden der Realität zurückholen kann.

Individueller Umgang mit der Zeit

Von starren Zeitplänen und eiserner Disziplin halte ich gar nichts. Es ist doch gar nicht effektiv, Dinge zu tun, zu denen man sich zwingen muss. Reine Energieverschwendung! Ich halte es mit dem britischen Politiker William Ewart Gladstone, der im 19. Jahrhundert viermal Premierminister war. Er galt als effizient, obwohl – oder vielleicht gerade weil – er mit seiner Zeit anfing, was er wollte: Er bereiste Europa, ging oft ins Theater, las sehr gern und hielt unglaublich lange Reden vor dem Unterhaus. Sobald er sich unpässlich fühlte, blieb er mindestens einen ganzen Tag lang im Bett. Auch spätere Premierminister wie Lloyd George oder Churchill waren bekannt für ihren exzentrischen Umgang mit Zeit. Und auch sie waren als sehr effektive Politiker bekannt! Warum also finden diese Zusammenhänge noch immer so wenig Beachtung? Warum werden noch immer und überwiegend Zucht und Ordnung gepredigt? Damit muss Schluss sein!

Das Zusammenleben mit emotionalen Zeitmanagern

Der emotionale Typ fühlt sich in Gesellschaft am wohlsten. Er liebt es, zu feiern, sitzt gerne in gemütlicher Runde und scheint dabei jegliches Gefühl für Zeit zu vergessen. Er ist ein angenehmer Gesprächspartner und allseits beliebt. Es kann jedoch auch mal vorkommen, dass er anderen unbeabsichtigt auf die Füße tritt. Das passiert meist dann, wenn er sich zu viele Aufgaben aufbürdet, um anderen einen Gefallen zu tun, und dann mit all seinen selbst auferlegten Pflichten überfordert ist. Außerdem kann es zu Konflikten kommen, wenn ein emotionaler Zeitmanager versehentlich in fremden Revieren agiert. Er hat nämlich oft kein gutes Gespür, wo seine Grenzen liegen, und verfügt dann allzu freigiebig über die Zeit oder Kraft anderer Menschen – immer natürlich im Hinblick auf das Wohl der Gemeinschaft.

Was das Familienleben angeht: Die typisch emotionale Mutter und der Familienvater dieser Spezies kümmern sich so aufopferungsvoll um ihre Lieben, dass sie oft ihre eigenen Bedürfnisse darüber vergessen oder zumindest bewusst hintanstellen. Manchmal kommt es deshalb zu Konflikten – wegen vermeintlich zu geringer Dankbarkeit der von ihnen umsorgten Familienmitglieder. Doch die Emotionalen können dennoch nicht anders. Und besonders harte Fälle dieser Spezies missachten durchaus ihre eigenen Grenzen in einem Maße, dass sie hin und wieder einen Burn-out riskieren.

Der Emotionale und seine Küche

Die Küche ist ein wichtiger – vielleicht der wichtigste – Lebensraum des emotionalen Zeitmanagers. Er liebt ausgedehnte Gespräche beim gemütlichen Essen, er kocht gerne und gerne auch aufwändig – um nicht zu sagen umständlich. Manchmal muss die Familie oder die Wohngemeinschaft dann eben bis nachmittags auf das Mittagessen warten. Wenn jemand deshalb aus der gemeinsamen Essensrunde aussteigt und sich selbst versorgt, ist der emotionale Küchenchef tief gekränkt. Das Wohl der Gemeinschaft liegt ihm doch am Herzen! Und Kochen kann für ihn so etwas sein wie eine Liebeserklärung an die gesamte Tischrunde. Seine Küche ist ausgesprochen heimelig, aber nicht besonders ordentlich oder sauber. Denn zum Putzen hat der emotionale Zeitmanager meistens keine Lust.

Der Emotionale und sein Wohnzimmer

Das Wohnzimmer eines Emotionalen ist gemütlich, aber weder stilsicher eingerichtet noch besonders ordentlich. Die gesamte Einrichtung ist darauf ausgerichtet, dass es hier möglichst viele Menschen nett und bequem haben. Bücher, Musik und Filme

spielen eine wichtige Rolle – denn dabei kann er die Zeit völlig vergessen. Wenn Sie sich also von einem emotionalen Mitmenschen immer wieder dazu verführen lassen, bis spät in die Nacht tiefsinnige Gespräche zu führen oder lange Filme zu schauen, dann montieren Sie eine große, für alle gut sichtbare Uhr! Das hilft! Außerdem typisch für emotionale Zeitmanager: Sie können sich besonders schwer von Erinnerungsstücken trennen und neigen daher zur Ansammlung von Krempel jeglicher Art – ob Souvenirs aus dem Urlaub oder das Teeservice von Tante Erika. Dies wiederum führt dazu, dass diese Zeitgenossen viel Zeit mit Hin- und Herräumen und Suchen verbringen.

Der Emotionale und sein Kinderzimmer

Hier sollen sich alle wohl fühlen: Geschwister, Freunde, aber auch jedes einzelne Stofftier, jede Puppe und jedes Feuerwehrauto. Deshalb verbringen besonders emotional veranlagte Kinder viel Zeit damit, ihre – belebten und unbelebten – Freunde zu versorgen. Aufräumen dagegen liegt ihnen nicht so sehr, weil sie währenddessen immer wieder von Erinnerungen oder neuen Ideen abgelenkt werden. Also räumen sie weniger auf und verbringen dafür viel Zeit mit Suchen. Doch das macht ihnen gar nichts aus, denn auch beim Suchen kann man ausgiebig in Emotionen schwelgen.

Immer mit der Ruhe …

Eigentlich kein Wunder, dass der britische Autor und bekennende Herumbummler Tom Hodgkinson so viele erbitterte Kritiker hat. Da geht es ihm nicht besser als mir! Seine Anleitung – mehr noch: seine Aufforderung zum Müßiggang ist für Menschen unerträglich, deren Schweinehunde auf Planung, Pünktlichkeit und Perfektion geeicht sind. Getroffene Hunde bellen! Dabei hat der Verfechter der Faulheit doch mehr als Recht, wenn er zum Beispiel das gemeinsame Plaudern mehr schätzt als die konkrete Tat: »Wenn die diskutierte Sache es wert ist, ausgeführt zu werden, dann wird das zur rechten Zeit geschehen«, ist er überzeugt. Das Reden und Pläneschmieden sei die Phase, in der »die Möglichkeiten endlos sind und unsere Zukunftsträume noch nicht von praktischen Forderungen eingeengt werden; das ist der Moment, in dem wir uns wirklich frei fühlen können«. Wer könnte etwas dagegen einzuwenden haben? Mein Mensch und ich lieben nichts mehr als die Plauderei.

Familienkalender – Ja oder Nein?

Oft hat sich der gemeinsame Wandkalender bewährt, der für alle zugänglich ist. Hier gibt es für jeden eine Spalte für seine regelmäßigen und außerplanmäßigen Termine, sodass alle einen Überblick über die Gesamtlage haben. Und selbstverständlich ist so eine gemeinsame Einrichtung nicht nur für Familien, sondern auch für alle anderen Arten des Zusammenlebens bestens geeignet.

In Familien und WGs, die mit so einem Kalender arbeiten, dürften die effizienten und zuverlässigen Zeitmanager-Typen in der Mehrzahl sein. Allen anderen Familien stellt sich das Problem: Was tun, wenn der Schweinehund eines spontan oder emotional veranlagten Familienmitglieds keine Lust hat, Termine einzutragen? Oder es laufend vergisst, auf den Kalender zu schauen? Oder wenn es ihm zu mühsam ist, neben dem eigenen Kalender einen zweiten zu beachten? Dann ist das gemeinsame Unterfangen schwierig, aber nicht unmöglich. Schritt eins ist in jedem Fall, dass Sie sich über Ihr persönliches Zeitmanagement im Klaren sind.

Stellen Sie Ihren Zeitplan auf

Lassen wir die Familie also jetzt erst einmal außen vor. Durch die Auswertung Ihrer Tagesprotokolle wissen Sie, was Sie jeden Tag tun – oder nicht tun – und was Sie gerne häu-figer oder auch seltener tun würden. Wie stellen Sie nun Ihren individuellen Zeitplan auf? Grundsätzlich gehen Sie so vor wie im Kapitel »So gewinnen Sie Zeit im Job« beschrieben: Zuerst tragen Sie Ihre Genuss-Termine ein, dann feste Termine, Routinetätigkeiten und Pufferzeiten und schließlich die Einzelaktionen, in die Sie Ihre wichtigsten Ziele gegliedert haben (siehe Seite 88 ff.). Hier finden Sie zusätzlich noch auf Ihren Alltag zugeschnittene Tipps, die den vier verschiedenen Zeitmanagement-Typen gerecht werden.

Effiziente Zeitmanager: Sie selbst sind zwar sehr gut im Einhalten von Zeitplänen – vielleicht sind Sie in Ihrem Umfeld aber der Einzige? Das sorgt für Stress und Streit. Bauen Sie also vor – denn umerziehen können Sie Ihre Mitmenschen ohnehin nicht! Kalkulieren Sie einfach viel mehr Zeit für die ungeplanten Zwischenfälle des Alltags ein, als Sie das bisher getan haben. Schrauben Sie Ihre Ansprüche herunter! Es ist beispielsweise überhaupt kein Drama, wenn Sie mit Ihrer Familie nicht immer superpünktlich zu jeder Verabredung erscheinen. Und wenn Ihre Wohnung einmal nicht tipptopp in Ordnung ist, geht die Welt davon auch nicht unter.

Zuverlässige Zeitmanager: Tragen Sie in Ihren individuellen Kalender möglichst alles ein:

- alle Termine Ihrer Kinder, durch die Sie in irgendeiner Form betroffen sind,

- alle Termine Ihres Partners oder Ihrer Partnerin, die auch Sie angehen,
- alle Routinetätigkeiten im Haushalt, für die Sie zuständig sind.

Wie eng ist Ihr Zeitplan gestrickt? Gibt es ausreichend Pufferzeiten? Vielleicht fühlen Sie sich entlastet, wenn Sie bestimmte Tätigkeiten an festen Tagen erledigen. So könnten Sie zum Beispiel immer montags einkaufen, den Dienstag und Donnerstag als Waschtag vorsehen und mittwochs Bankgeschäfte erledigen. Tragen Sie diese Tätigkeiten mit dem geschätzten Zeitbedarf in Ihren Kalender ein. Achten Sie dabei auch auf Ihre Gesamtplanung: Wenn Sie den Eindruck haben, Ihre Pufferzeiten reichen nicht aus, dann ziehen Sie die Notbremse! Delegieren Sie (noch mehr) Tätigkeiten oder streichen Sie die eine oder andere radikal.

Spontane Zeitmanager: Notieren Sie nur das Notwendigste in Ihrem Kalender: besondere Termine und Tätigkeiten außer der Reihe: Smokinghemd aus der Reinigung holen zum Beispiel. Was Sie ohnehin im Kopf haben, wie Ihre Tochter jeden Dienstag um 17 Uhr zum Sport zu bringen, brauchen Sie nicht einzutragen. Und Festlegungen wie »Donnerstag ist Waschtag« können Sie sich sparen – Sie werden sich wahrscheinlich doch nicht daran halten.

Emotionale Zeitmanager: Am besten können Sie sich an Ihren eigenen Zeitplan halten, wenn Sie ihn zusammen mit anderen aufgestellt haben. Nutzen Sie dazu Ihre Familienkonferenzen! Tragen Sie in Ihren Kalender vor allem die Tätigkeiten ein, die Ihnen großen Spaß machen. Aber auch solche, zu denen Sie überhaupt keine Lust haben und die Sie deshalb gerne vergessen oder vor sich herschieben.

Formen und Formate

Nachdem Sie sich – und vielleicht auch Ihre ganze Familie – Ihre Gedanken über Ihren persönlichen Zeitplan gemacht haben, geht es nun an den Familienkalender: Es gibt ein breites Angebot an geeigneten Kalendern – in unzähligen Designs und für jede beliebige Anzahl an Personen. Vorab sollten Sie aber entscheiden, ob Sie lieber einen dauerhaften oder einen aktuellen Kalender benutzen möchten. Und natürlich, ob Sie einen realen oder einen virtuellen Kalender bevorzugen.

Dauerhafter Kalender

Sie montieren eine Tafel, die Sie sowohl mit wasserfesten als auch abwaschbaren Stiften beschreiben können. So etwas gibt es unter der Bezeichnung »Whiteboard« im Bürofachhandel oder bei Büromaterial-Versandhändlern. Darauf skizzieren Sie einen Monat – am besten in Form von fünf Wochen –, und zwar jeweils Montag bis Sonntag. Jeder

Wochenblock wird so unterteilt, dass jedes Familienmitglied eine eigene Spalte erhält. Hier werden alle regelmäßigen Termine mit wasserfestem Stift eingetragen. Alles, was aktuell dazukommt, wird mit wasserlöslichen Stiften in anderen Farben dazugeschrieben. Vorteil dieses Kalenders: Sie müssen Ihre festen Termine nicht jeden Monat neu eintragen. Allerdings haben Sie nur einen Monat im Blick und müssen die Daten jeweils aktuell den Wochentagen zuordnen.

Aktueller Kalender

Diese Form sieht genauso aus wie der dauerhafte Kalender. Mit dem Unterschied, dass Sie für jeden Monat des Jahres ein eigenes Blatt zur Verfügung haben. Das hat den Vorteil, dass Sie Termine für das ganze Jahr eintragen können – so gerät nichts in Vergessenheit. Außerdem kommen Sie mit den Daten

nicht durcheinander, weil das gesamte Jahr bereits korrekt durchgezählt ist. Allerdings fällt doch eine Menge Schreibarbeit an, wenn Sie die regelmäßigen Termine aller Familienmitglieder eintragen.

Virtueller Kalender

Dieser eignet sich nicht für Familien mit kleinen Kindern – für solche mit großen Kindern und für Wohngemeinschaften dafür umso besser: Anlegen können Sie einen Online-Kalender zum Beispiel unter https://www.google.com/calendar. Je nach Anbieter ist es möglich, auch die Kalender Ihrer Familienmitglieder oder Freunde einzusehen. Und umgekehrt legen Sie fest, wer welche Details aus Ihrem Kalender sehen darf. Außerdem können Sie andere zu Ihren Terminen einladen oder sich an ebendiese erinnern lassen – zum Beispiel per SMS.

Aktion

FAMILIENKALENDER

Tag	Greta	Lukas	Mama	Papa
Montag	17 Uhr: Turnen	5 Euro bezahlen: Materialkosten Kunstunterricht	16 Uhr: Besuch Conny	
Dienstag			20 Uhr: Chorprobe	18 Uhr: Meeting – kann spät werden!
Mittwoch	Wandertag!	15 Uhr: Pfadfinder	9.30 Uhr: Zahnarzt	20 Uhr: Stammtisch

Kinder brauchen Langeweile

Wenn Sie Ihren Familienkalender anlegen, bedenken Sie bitte immer: Alle gängigen Zeitmanagement-Systeme sind für Erwachsene gemacht, die mitten im Berufsleben stehen. Kinder müssen zwar auch lernen, ihre Zeit gut einzuteilen, aber eine komplett durchorganisierte Kindheit schadet vermutlich mehr, als dass sie nutzt. »Kinder brauchen Ruhe, Muße, Entlastung und viel freie Zeit für sich selbst, für zweckfreies Spiel. Nicht organisierte Freizeit ist wichtig für die kindliche Entwicklung«, so der Hamburger Erziehungswissenschaftler Prof. Peter Struck. Seiner Meinung nach ist Langeweile die Voraussetzung dafür, dass Kinder selbstständig und kreativ werden. Permanente Überforderung führt dagegen zu Frustrations- und Versagensgefühlen.

Regelmäßige Planungskonferenzen

Wenn Sie mit einem gemeinsamen Kalender nicht den gewünschten Effekt erreichen, dann schwenken Sie doch einfach um: Alle Familienmitglieder treffen sich regelmäßig mitsamt ihren persönlichen Kalendern und teilen den anderen ihre neuesten Termine und Pläne mit. Der Vorteil liegt auf der Hand: Unstimmigkeiten können so direkt besprochen und gelöst werden. In einer Familie mit hohem Aktivitätslevel kann es sich sogar anbieten, jeden Abend eine kleine Planungskonferenz abzuhalten.

To-do-Liste für alle

Ob Sie nun einen gemeinsamen Familienkalender eingerichtet haben oder jeder seinen eigenen Terminkalender führt – wichtig ist, dass Sie zusätzlich eine To-do-Liste für alle aufstellen. Hier werden die Aufgaben festgehalten, die Sie an andere Familienmitglieder übertragen haben. Folgende Punkte sollten in der Liste festgehalten werden:

- Was ist zu tun?
- Wer macht es?
- Wann beziehungsweise bis wann muss es erledigt sein?

Effiziente oder zuverlässige Planungstypen in Ihrer Familie werden sich die Termine für ihre Aufgaben wahrscheinlich in ihren persönlichen Kalender eintragen. Emotionale und spontane Zeitgenossen dagegen verzichten vermutlich darauf – doch mit etwas Glück halten sie ihre Verpflichtungen dennoch ein!

Setzen Sie Ihren Zeitplan um

Wenn Ihr Familienkalender hängt oder die erste Planungskonferenz getagt hat, fangen Sie einfach damit an Ihren Zeitplan umzusetzen. Erwarten Sie jedoch nicht, dass gleich alles perfekt funktioniert. Sehen Sie die erste Zeit lieber als eine Art Testphase, in der Sie noch jede Menge Details nachjustieren können – und sollten. Haben Sie so viel Spaß wie möglich mit Ihrem neuen Plan! Je mehr Druck Sie nämlich in der Familie verbreiten, desto wilder werden die Schweinehunde!

Teamwork – alle helfen mit

Wie bekommen Sie eine bunte Mischung völlig verschiedener Menschen dazu, aus freien Stücken zu kooperieren? Indem Sie auf ihren guten Willen setzen und an ihre Vernunft appellieren. Indem Sie mit allen gemeinsam planen, Aufgaben gerecht verteilen und niemanden zu etwas verdonnern. Sie werden sehen: Dann steigen auch die Schweinehunde freiwillig mit ins Boot ein – und Sie gewinnen schnell an Tempo.

»An mir bleibt immer alles hängen! Alle machen sich rechtzeitig aus dem Staub …« Denken Sie das häufig? Dann brauchen Sie sich nicht zu wundern, wenn Ihr innerer Schweinehund Sie regelmäßig von Ihren Spülbergen oder dem Bügelbrett weglotst und aufs Sofa schickt. Recht hat er! Es gibt tatsächlich keinen Grund, warum Sie den ganzen Haushalt mit allem Drum und Dran alleine schmeißen sollten. Das tut weder Ihnen gut noch Ihren Lieben!

Leben in Gemeinschaft

Auch wenn sich alle erst einmal an den frischen Wind gewöhnen müssen, der bei Ihnen mit dem neuen Zeitmanagement weht: Alle haben etwas davon, wenn sich jeder nach seinen Fähigkeiten in die Gemeinschaft einbringt. Schon Kleinkinder wollen mithelfen, statt sich alleine in ihrem Kinderzimmer zu beschäftigen. Haben sie die Wahl, sind die Kinder lieber im Zentrum des Geschehens dabei: Sie möchten die Wurst in die Pfanne legen, die Wäsche aus dem Trockner ziehen oder etwas in die Mülltonne werfen. Wenn sie das geschafft haben, sind sie sehr stolz. Sie haben ihren Beitrag zum großen Ganzen geleistet. Sie gehören dazu. Geben Sie Ihren Kleinen und Großen die Chance, sich einzubringen. Spielen Sie nicht Herbergsvater oder Hausdame im »Hotel Mama«. Sie machen Ihre Mannschaft nur unnötig von sich abhängig und schlimmstenfalls zu ewig unzufriedenen Nörglern, während Sie sich bis auf die Knochen aufreiben.

Wer macht was?

Durch Ihr gemeinsames Tagesprotokoll wissen Sie bereits, wer bei Ihnen welche Aufgaben erledigt. Fragen Sie nun alle Beteiligen reihum, wie zufrieden jeder mit seinen Aufgaben ist. Fühlt sich jemand überlastet? Hat jemand zu viele Jobs, die ihm überhaupt keinen Spaß machen? Möchte jemand gerne einige Aufgaben abgeben und dafür andere übernehmen?
Grundlage für diese Debatte ist Ihre Erhebung, wie viel Zeit welche Aufgaben im Haushalt tatsächlich in Anspruch nehmen. Oft ist es nämlich so: Aufgaben, die niemand übernehmen möchte, sind meist die, die am schnellsten erledigt sind. Zum Beispiel Müll rausbringen dauert höchstens 3 Minuten. Es lohnt sich also eigentlich gar nicht, sich so lange darum zu drücken. Vermeintlich

attraktivere Aufgaben nehmen dafür sehr viel mehr Zeit in Anspruch: Einen Korb Gartenkräuter zupfen und hacken beispielsweise zieht sich bestimmt 45 Minuten hin. Verteilen Sie die Alltagsjobs in Ihrer Familie also möglichst gerecht. Im Idealfall hat sich für jeden Job mindestens ein Freiwilliger gemeldet. Sollte das nicht so sein – verhandeln Sie! Argumentieren Sie! Überzeugen Sie! Aber verdonnern Sie niemanden zu einer Tätigkeit, die er partout nicht machen möchte. Sie handeln sich so nämlich nur Diskussionen und außerdem noch Ärger mit einem fuchsteufelswilden Schweinehund ein.

Keine Über- oder Unterforderung

Achten Sie darauf, dass bei der Aufgabenverteilung niemand mit seinen Tätigkeiten über- oder unterfordert ist. Beides – das haben Sie bereits unter dem Stichwort Flow erfahren – bringt den Schweinehund auf die Barrikaden (siehe Seite 69). Betrauen Sie Ihre Nachwuchs-Zeitmanager mit kleinen Aufgaben, die dem jeweiligen Alter und den Fähigkeiten entsprechen. Wenn Sie Ihre Kinder weder unter- noch überfordern, haben sie durchaus Spaß an den übertragenen Tätigkeiten. Geben Sie jedem kleinen oder großen Familienmitglied das Gefühl, dass es die jeweilige Aufgabe am besten von allen erledigt. Das wird Ihrem Kind gefallen! Und ganz sicher auch seinem Schweinehund!

Gemeinsam üben

Was nicht auf Anhieb klappt, sollten Sie mit Ihrem Nachwuchs gemeinsam üben. Gehen Sie dabei am besten immer gleichermaßen vor, damit sich Routinen einschleifen.

Auf die Haltung kommt es an

Achten Sie bei der »Ausbildung« Ihrer Nachwuchs-Haushaltsmanager auch auf Ihre eigene Laune. Arbeiten Sie zügig und möglichst munter – das überträgt sich auf Ihre Mitstreiter. Wenn Sie grummelnd und schimpfend dastehen und nur Kommandos erteilen, erwecken Sie den Eindruck, dass die gemeinsame Arbeit alles andere als Spaß macht.

Externe Dienstleister

Falls sich nicht für alle anstehenden Aufgaben Freiwillige melden, macht das gar nichts. Fast alle Aufgaben können Sie auch an Dritte vergeben. »Das können wir uns doch gar nicht leisten!«, schnauzt Ihr Schweinehund? Doch! Informieren Sie sich zunächst mal über die Preise:

- Herrenhemden kann man schon für rund einen Euro waschen und bügeln lassen. Wie lange brauchen Sie selbst dafür?

Lohnt es sich nicht, sich diese Zeit zu einem geringen Preis zu erkaufen?

- Wie lange dauern die Tätigkeiten, die pro Woche anfallen und die niemand übernehmen wollte? Vielleicht bietet es sich an, eine Putzfrau zu organisieren? Wie viel kann jedes Familienmitglied dafür investieren?
- Welche Tätigkeiten am Haus oder im Garten kann niemand aus der Familie erledigen? Kann ein Nachbar helfen? Welche Gegenleistung können Sie dafür anbieten?

Belohnen und bestrafen

Viele Experten empfehlen, Belohnungspunkte zu verteilen, wenn das gemeinsame Zeitmanagement gut eingehalten wird. Gleichzeitig gibt es Strafen für den Fall, dass der aufgestellte Zeitplan missachtet wird. Beides ist allerdings problematisch, weil beides den Schweinehund anstachelt.

Die Ergebnisse sprechen für sich

Bei einer Belohnung wird die Motivation von der eigentlichen Aufgabe auf ein abstraktes System übertragen. Hinter so einem System steht immer irgendeine Autorität – und damit kann der Schweinehund wenig anfangen. Auf lange Sicht wird er deshalb keine Lust haben, sich für irgendwelche Belohnungspunkte zu irgendetwas überreden zu lassen –

oder er möchte immer mehr und immer größere Belohnungen bekommen. So wird er vermutlich mehr Diskussionen über die angemessene Verteilung dieser Punkte vom Zaun brechen, statt die gerechte Verteilung der Aufgaben im Blick zu behalten.

Und Bestrafungen, die mit der eigentlichen Aufgabe überhaupt nichts zu tun haben, machen den Schweinehund nur noch widerborstiger, als er ohnehin schon ist. Er versteht diese Sanktionen nicht und wird sich in Zukunft nicht nur gegen die verordneten Arbeiten auflehnen, sondern auch auf Rache gegen die Person sinnen, die die Strafe verhängt hat. Viel schweinehundgemäßer ist es, von Lob und Strafe abzusehen, und die Ergebnisse selbst sprechen zu lassen: Zugegeben, es erfordert schon eine gewisse Nervenstärke, wenn der Sohn anziehen muss, was noch im Schrank vorhanden ist, weil er keine Lust hatte, seine Wäsche rechtzeitig zur Waschmaschine zu bringen.

Doch wenn die Teamarbeit gut funktioniert, haben alle Beteiligten etwas davon – nämlich mehr Zeit! Und dann sind irgendwelche Belohnungspunkte gar nicht mehr wichtig.

Teamwork-Tipps für jeden Typ

Effiziente Zeitmanager: Planen und strukturieren ist Ihre Stärke, und einen guten Gerechtigkeitssinn haben Sie auch. Übernehmen Sie also die Rolle des Moderators und Organisators, wenn es um die sinnvolle Verteilung von Aufgaben geht. Seien Sie bei der Umsetzung aber nicht so streng. Ihre Mitstreiter haben vielleicht mehr mit schweinehundtypischer Aufschieberitis zu kämpfen als Sie selbst!

Zuverlässige Zeitmanager: Nein – Sie brauchen nicht ständig jedes Familienmitglied an seine Pflichten zu erinnern und müssen auch nicht immer alle Ergebnisse kontrollieren. Akzeptieren Sie, dass andere ihre Aufgaben anders erledigen, als Sie das tun würden.

Spontane Zeitmanager: Sie können Teamwork zur echten Herausforderung machen: Mal denken sie an die übernommenen Aufgaben, mal nicht. Und dann wiederum übernehmen sie spontan Tätigkeiten, für die sie gar nicht zuständig sind. Deshalb: Besprechen Sie am besten gemeinsam, wie Sie mit diesen Unwägbarkeiten umgehen sollen. Vielleicht vereinbaren Sie ein rotierendes Aufgabensystem? Oder eine bestimmte Person erinnert den spontanen Zeitmanager regelmäßig an seine jeweiligen Pflichten.

Emotionale Zeitmanager: Sie arbeiten ohnehin am liebsten im Team. Deshalb bietet es sich an, gemeinsame Arbeitszeiten festzulegen, in denen jeder seine Aufgaben erfüllt. Das hilft emotionalen Typen, sich durch unangenehme Tätigkeiten durchzubeißen, zu denen sie eigentlich keine Lust haben.

Schaffen Sie Gewohnheiten

Überall, wo viele Menschen in kurzer Zeit koordiniert werden müssen, werden Gewohnheiten geschaffen: Sei es im Kindergarten, im Kloster oder in der Kaserne. Hier laufen jeden Tag zur gleichen Uhrzeit die gleichen Routinen ab. Mit Drill hat das aber nichts zu tun – eher mit Effizienz. In diesem Kapitel erfahren Sie, wie Sie mithilfe von Routinen Zeit sparen können. Und warum auch der Schweinehund nichts dagegen einzuwenden hat.

Routinen und Rituale

Ritual – das klingt erst einmal feierlich, muss aber weder mit Gongschlägen noch mit Weihrauchschwaden zu tun haben. Es geht vielmehr um Handlungsabläufe, die sich in Ihrem Alltag immer wieder wiederholen. Sie haben sich so eingeprägt, dass sie von einem zufälligen Weg zu einem Trampelpfad geworden sind. Ritual leitet sich von »ritus« ab und heißt soviel wie (heiliger) Brauch und

Gewohnheit. Wahrscheinlich haben Sie einige feste Rituale, ohne dass sie Ihnen bewusst sind. Vor allem effiziente und zuverlässige Zeitplaner sehen sich durch Routinen deutlich entlastet, während emotionale und impulsive Zeitgenossen sich dadurch eher eingeengt fühlen. Fakt ist aber: Rituale sparen Zeit. Dadurch haben Sie:

- weniger Denkarbeit: Sie wissen genau, was zu tun ist.
- weniger Organisationsarbeit: Wenn Sie

die Kinderbetreuung für alle Nachmittage der Woche geregelt haben, müssen Sie nicht wöchentlich neu herumtelefonieren.

● weniger Diskussionen: Wenn klar ist, dass Sie immer mittwochs Sport treiben, müssen Sie das nicht jede Woche wieder neu ansagen oder ausdiskutieren.

Start in den Tag

Leben in Ihrem Haus mehrere Menschen zusammen? Dann bleibt Ihnen kaum etwas anderes übrig, als jeden Morgen ähnlich zu organisieren. Ansonsten müssten Sie an jedem Tag neu abstimmen, wer wann ins Bad geht, wer was frühstücken möchte und wer mit welchem Verkehrsmittel losfährt. So entstehen etliche Routinen wie von selbst. Ein Garant für ein konfliktfreies Zusammenleben sind solche Rituale zwar nicht, sie können das harmonische Miteinander jedoch um einiges erleichtern.

Guten Abend, gute Nacht!

Wenn Sie Kinder haben, tun Sie ihnen mit einem kleinen Abendritual einen großen Gefallen. Sie geben den Sprösslingen Sicherheit und Orientierung. Und helfen ihnen beim Einschlafen. Und vielleicht erleichtert dieses Ritual auch Ihnen selbst, am Abend besser zur Ruhe zu kommen. In jedem Falle gewinnen Sie Zeit: Dadurch, dass Ihr Nachwuchs früher schläft, haben Sie mehr freie Abendzeit für sich. Und bekommen vielleicht etwas mehr wertvollen Schlaf, weil auch Sie früher ins Bett kommen.

Ungeliebte Tätigkeiten

Sicher macht auch Ihnen der Großteil der Hausarbeit überhaupt keinen Spaß. Je schneller sie also erledigt ist, desto besser. Und auch hier helfen Routinen. Wenn Sie zum Beispiel beim Wohnungsputz immer in der gleichen Reihenfolge vorgehen und die gleichen Werkzeuge benutzen, müssen Sie überhaupt nicht über das nachdenken, was Sie gerade tun. Sie erledigen es automatisch und können währenddessen Ihre Gedanken ganz weit weg wandern lassen, Musik genießen oder ein Hörspiel verfolgen. So macht es doch gleich viel mehr Spaß!

Aufräumen

Die Zeitmanagement-Expertin Cordula Nussbaum empfiehlt einen täglichen »Zwanzig-Minuten-Morgenlauf«. Ziel ist, »dass Sie künftig schon morgens ein vorzeigbares Haus haben und sich als erfolgreicher Familienmanager fühlen«. Es kann ja immer sein, dass morgens unangemeldeter Besuch vor der Türe steht. Der Trick: Sie wirbeln durch jeden Raum, allerdings jeweils höchstens fünf Minuten, bis das Haus oberflächlich ordentlich aussieht. Das Gleiche können Sie – stattdessen oder zusätzlich – mit einem täglichen »Abendlauf« erreichen. »Warum sollten wir das denn tun?«, fragt Ihr Schweinehund. Sie sollten gar nichts. Wenn es aber Ihre Stimmung hebt, bereits am Morgen in ordentliche Zimmer zu blicken und nach der Arbeit in ein ordentliches Haus zu kommen, dann ist es die Sache wert. Und weil Sie dabei jeden Tag gleich vorgehen, geht es ganz schnell von der Hand.

Einkaufen

In vielen Familien ist der Samstagvormittags-Einkauf ein Horrortrip: Alle sind hektisch, sie streiten darüber, was sie brauchen oder nicht, und die Kinder quengeln ohne Unterlass, weil sie am liebsten alle Süßigkeiten auf einmal hätten ... Dieses Chaos können Sie entschärfen, indem Sie routiniert vorgehen:

● Legen Sie bereits zu Hause gemeinsam und verbindlich fest, was gekauft wird und was nicht – zum Beispiel mithilfe von Checklisten.
● Suchen Sie bei jedem Einkauf die gleichen Märkte in gleicher Reihenfolge auf – wenn möglich nicht am Samstagvormittag, sondern außerhalb der Stoßzeiten. Wie wär's mal mit Mittwoch um 19.30 Uhr – und ohne Kinder?

Ausflüge

Routinen machen nicht nur ungeliebte Abläufe leichter, sondern auch angenehme Tätigkeiten schöner. Achten Sie mal darauf, wie viele Familien sich während ihres Besuchs im Zoo, im Schwimmbad oder im nordeuropäischen Möbelhaus streiten. Jeder will etwas anderes und jeder möchte seinen Willen durchsetzen. Solche Streitereien können Sie vermeiden, indem Sie Routinen entwickeln. Das lohnt sich vor allem dann, wenn Sie bestimmte Ausflüge regelmäßig unternehmen:

● Sie packen immer das Gleiche ein: Kleidung, Proviant und Spielzeug.
● Sie starten immer zur gleichen Uhrzeit.
● Sie nehmen immer die gleiche Route – sowohl auf dem Weg zum Ausflugsziel als auch während des Aufenthaltes dort.
● Sie planen immer das gleiche Budget für kleine Käufe wie Postkarten oder Eis ein.

Und sollte doch einmal Sand ins Getriebe Ihrer Routine geraten sein, nehmen Sie einfach in Absprache mit allen Beteiligten Feinjustierungen vor – und machen es bei zukünftigen Ausflügen dann ebenso.

Routine-Tipps für jeden Typ

Effizienter Typ: Für Sie sind Checklisten ein gutes Arbeitsmittel, das jeder nutzen sollte. Deshalb können Sie schon mal ziemlich unwirsch werden, wenn jemand in Ihren Augen umständlich vorgeht oder einen wichtigen Punkt vergisst. Doch ist das wirklich so schlimm? Versuchen Sie, ein bisschen großzügiger zu sein.

Zuverlässiger Typ: Sie sind der geborene Checklisten-Verwender. Dadurch fühlen Sie sich nicht nur entlastet, sondern haben sogar richtig Spaß daran, diese zu erstellen und immer weiter zu optimieren. Achten Sie allerdings darauf, dass Sie sich nicht zu sehr abhängig machen von Ihren Listen. Sonst bricht für Sie eine Welt zusammen, wenn der Supermarkt mal wieder umgebaut wird.

Spontaner Typ: Checklisten sind nicht Ihre Welt: Sie halten sich meist nicht dran oder finden Ihre Listen genau dann nicht, wenn Sie sie brauchen könnten. Das Gute daran: Wenn Sie etwas Wichtiges vergessen, können Sie Ihr Improvisationstalent voll ausleben.

Emotionaler Typ: Sie haben Spaß daran, dass Ihr Team gemeinsam aktiv ist. Und Checklisten helfen Ihnen dabei, die ganze Mannschaft besser zu koordinieren.

CHECKLISTEN SPAREN ZEIT

Know-how

Wie im Job können Sie sich auch im Alltag mit Checklisten eine Menge Zeit sparen. Hier ein paar Beispiele:

Einkaufen: Erstellen Sie sich ein Formular mit allen Märkten, in denen Sie regelmäßig einkaufen: 1. Discounter, 2. Bioladen, 3. Wochenmarkt.
Notieren Sie in jeder Kategorie die Lebensmittel und übrigen Produkte, die Sie regelmäßig brauchen, und die jeweilige Anzahl. Folgen Sie dabei dem logischen Aufbau der Supermarkt-Regale: 1. Brot, 2. Kaffee, 3. Obst. Das erspart Ihnen lästiges Herumrennen im Markt.

Unterwegs: Fertigen Sie eine Liste an mit allen Dingen, die Sie für eine lange Urlaubsreise brauchen. Oder für einen Kurztrip übers Wochenende. Oder für einen Nachmittag im Schwimmbad. Aktualisieren und optimieren Sie diese Notizen regelmäßig.

Einladungen: Geben Sie gerne Partys? Oder haben Sie vier Kinder, die jedes Jahr groß Geburtstag feiern? Dann lohnt sich auch hier der Entwurf von Checklisten. Was muss eingekauft werden? Was müssen Sie ausleihen? Wer hilft beim Dekorieren und Luftballonaufblasen?

Sprechen Sie Klartext!

Reden Sie sich den Mund regelmäßig fusselig – und dennoch hört niemand auf das, was Sie sagen? Oder haben Sie manchmal das Gefühl gegen eine Wand zu sprechen? Im Alltag reden wir häufig aneinander vorbei statt miteinander. So entstehen Missverständnisse, die eine Menge Stress erzeugen und viel Zeit kosten. Lesen Sie deshalb hier, wie Kommunikation in Partnerschaft und Familie gelingen kann.

Miteinander reden – statt aneinander vorbei

Es ist gar nicht so leicht, Klartext zu sprechen und einander richtig zu verstehen. Das zeigen die kleinen und großen Kommunikations-Katastrophen, die Sie jeden Tag hören können oder vielleicht selbst zum Besten geben. Folgendes Telefonat zeigt das auf sehr unterhaltsame Weise:

»Bist Du schon zu Hause?«
»Ja.«
»Könntest Du die Babysitterin bezahlen?«
»Ja, klar. Kein Problem.«
»Wann schickst Du sie denn nach Hause?«
»Wann soll ich denn?«
»Hast Du noch was zu erledigen?«
»Ich wollte noch einkaufen gehen.«
»Nimmst Du das Kind mit?«
»Soll ich?«
»Ist mir egal.«
Schweigen …

»Warum rufst Du denn an?«

»Ich wollte fragen, ob es okay ist, wenn ich eine Stunde später nach Hause komme.«

»Ach so. Sag das doch gleich.«

Humoristen wie Vicco von Bülow alias Loriot haben das Aneinander-Vorbeireden in ihren Sketchen auf die Spitze getrieben. Wenn Sie also Ihr Feingefühl für Kommunikation trainieren und sich zugleich amüsieren wollen, dann lesen Sie mal wieder in diesen Klassikern … Hier allerdings soll es darum gehen, wie Sie mit gezielter Kommunikation im Alltag wertvolle Zeit sparen können. Und warum Ihnen manchmal doch eine Horde von Schweinehunden in die Quere kommt.

Zielen Sie ins Schwarze

Vor allem Frauen haben häufig die Angewohnheit, ihre Bitten nicht klar und direkt zu formulieren. Lieber kreisen sie das Thema weiträumig ein, deuten dies und das an, und verstecken wichtige Informationen zwischen den Zeilen. Mehr noch: Sie haben dabei sogar den Eindruck, Klartext zu sprechen. Und wundern sich, warum ihre Botschaften nicht ankommen. Dann wird eine halbe Stunde lang geredet – Zeit, die sie auch anders nutzen könnten – und ein Ergebnis haben sie immer noch nicht. Um was ging es nochmal? Ach ja, eigentlich wollten Sie eine Aufgabe delegieren.

Doch wie kommen Sie aus diesem Teufelskreis heraus? Indem Sie Ihr Anliegen überlegt und gezielt formulieren – und damit direkt ins Schwarze treffen. Beantworten Sie sich selbst folgende Fragen, bevor Sie Ihr Gegenüber ansprechen:

- Was würde ich sagen, wenn ich nur einen einzigen Satz zur Verfügung hätte?
- Welche Information brauche ich, damit mein Anliegen geklärt ist?

Wünschen Sie sich Zeit

Wenn Sie nach dem eben skizzierten Muster vorgehen, sind Sie sicher verwundert, wie kurz und knapp Ihr Anliegen plötzlich klingt: »Ich möchte später nach Hause kommen – kümmere Du Dich um das Kind!« Und plötzlich wird auch klar, dass überflüssige Randthemen wie »Was machst Du?«, »Wie gehst Du mit der Babysitterin um?« und »Denkst Du an die Bezahlung?« nur deshalb angesprochen werden, weil der Kontroll-Schweinehund mit Ihnen durchgegangen ist.

Sie erleichtern sich das Klartext-Sprechen, wenn Sie Wünsche statt Kommandos formulieren. So stellen Sie Ihr Gegenüber nicht mit dem Rücken an die Wand – das ist seinem Schweinehund ein Graus –, sondern geben ihm die Chance, Ihnen einen Wunsch zu erfüllen – zum Beispiel den nach mehr Zeit für Sie selbst. Wie klingt das: »Könntest Du mir einen Gefallen tun? Ich möchte das Projekt vom Tisch haben und brauche dazu noch eine Stunde. Könntest Du Dich solange um das Kind kümmern? Das wäre wundervoll.«

Fantasien und Gefühle

Wenn es um Zeitmanagement geht, kommt es in vielen Partnerschaften und Familien schnell mal zum Streit. Die Worte »immer« und »nie« – auf die der Schweinehund reagiert wie auf einen Hornissenstich – sind dann in fast jedem Satz zu hören: »Immer trödelst Du ewig herum. Nie erledigst Du, was Du versprochen hast.«

Deshalb: Nehmen Sie Ihren Meinungsverschiedenheiten den Zündstoff, indem Sie keine Vorwürfe und Unterstellungen formulieren. Denn damit erreichen Sie nur Unverständnis und rufen zudem Protest hervor. Und das meist zu Recht: Tatsächlich liegen Sie mit Ihren Unterstellungen häufig daneben – die Realität und Ihre Interpretation sind zwei verschiedene Dinge!

Äußern Sie stattdessen Ihre Fantasien und Gefühle. Dagegen kann nämlich niemand etwas einwenden – denn für Ihre Emotionen können Sie ja schließlich nichts. Deshalb muss sich auch niemand davon angegriffen fühlen. Sagen Sie also: »Ich habe die Fantasie, dass Du den ganzen Nachmittag in Deinem Zimmer sitzt und am Computer spielst. Wenn ich mir das so vorstelle, habe ich das Gefühl, dass Dir unser Familienplan gar nicht so wichtig ist.« Dann warten Sie mal ab, was für eine Antwort kommt: Möglicherweise erhalten Sie eine ganz andere Reaktion als die, die Sie erwartet haben, oder wie Sie sie vielleicht bisher bekommen haben.

Nein sagen

Das Wörtchen »Nein« ist so kurz. Dennoch fällt es vielen außerordentlich schwer, es über die Lippen zu bringen. Statt »Nein« kommt dann ein »Na gut« heraus. Und schon füllt sich Ihr Leben mit Zeitfressern wie:

Gefälligkeiten: Sie helfen kurz mal hier, schnell mal da: Sie bringen jemandem etwas aus der Stadt mit, schaffen für jemanden etwas zur Post oder bügeln für ein Familienmitglied schnell mal die Bluse …

Einladungen: Sie lassen sich von Leuten einladen, die Sie gar nicht mögen: Sie treffen sich mit einer ehemaligen Kollegin, mit der Sie eigentlich nichts mehr zu tun haben wollen. Sie fahren mit Ihrer Schwiegermutter in Urlaub, obwohl Sie daran überhaupt keinen Spaß haben.

Routinen: Sie tauschen jeden Herbst selbstgemachte Marmelade mit Ihrer Nachbarin aus, obwohl Sie selbst gar keine Lust mehr auf Marmeladekochen haben. Sie richten jedes Jahr ein aufwendiges Weihnachtsfest für Ihre Großfamilie aus, obwohl Ihnen das viel zu viel Trubel ist.

Gerümpel: Auf Ihrem Dachboden oder im Keller verwalten Sie das Möbel- und Spielzeuglager Ihrer inzwischen erwachsenen Kinder. Sie stellen die ästhetisch zweifelhaften Geschenke Ihrer Nachbarin auf die Fensterbank, wo sie niemanden erfreuen, dafür aber regelmäßig abgestaubt werden müssen.

Grenzen setzen

Hinter der Schwierigkeit Nein zu sagen steckt oft ein geringes Selbstbewusstsein. Sie trauen sich nicht, Grenzen zu setzen und einmal nur an sich selbst zu denken. Andererseits freuen Sie sich auch über die Anerkennung, die andere Ihnen für Ihre Hilfsbereitschaft geben – falls sie daran denken.

Freundliches Stoppschild

Es gibt einige Kniffe, mit denen Ihnen das Neinsagen leichter fällt – ohne andere damit vor den Kopf zu stoßen:

Zeigen Sie Verständnis – und sagen Sie trotzdem Nein: Vielleicht neigen Sie zu schnellem »Ja, mach ich!«, weil Sie sich sehr gut in die Lage Ihres Gegenübers hineinversetzen können. Aus dieser Perspektive erscheint es Ihnen wie ein klares Muss, jemandem zu helfen. Und Ihre eigenen Bedürfnisse vergessen Sie dabei. Hier kann Ihnen die Strategie von Selbstbehauptungs-Expertin Barbara Berckhan helfen: Hören Sie Ihrem Gegenüber aufmerksam zu, ohne aber bereits mit dem Kopf zu nicken. Horchen Sie erst einmal in sich hinein: Was möchten Sie? Wenn Sie ablehnen möchten, dann verbinden Sie dieses Nein mit einem Ja zur Person. Etwa so: »Ich habe verstanden, dass die Angelegenheit wichtig ist. Leider habe ich im Moment keine Kapazitäten frei, Sie dabei zu unterstützen.«

Bloß kein Nein!

Sie sollen sich wohlfühlen – dafür sorge ich. Und deshalb halte ich Sie davon ab, sich mit Ihren Mitmenschen anzulegen. Ich rate Ihnen, so selten wie möglich Nein zu sagen: Auch wenn Sie gar keine Zeit für ein Schwätzchen haben oder überhaupt nicht einsehen, warum Sie noch mehr zusätzliche Aufgaben übernehmen sollten. Wenn Sie sich immer schön fügen, gibt es keinen Ärger und alle haben Sie gern. Jedes Nein würde Ihnen nur Schuldgefühle bringen. Sie müssten endlos diskutieren, warum Sie plötzlich Nein sagen und warum Ihnen andere Dinge wichtiger sind.

Verschanzen Sie sich hinter Prinzipien: Auch wenn es Ihnen ein wenig kauzig vorkommt: Sie können sich vor bestimmten Anfragen schützen, indem Sie sich persönliche Grundsätze einfallen lassen. So zum Beispiel: »Ich passe prinzipiell nicht auf Kinder unter fünf Jahren auf« oder »Ich lehne es generell ab, bei Familienfeiern zu filmen«. Seien Sie dabei ruhig kreativ! Und prägen Sie sich Ihre Prinzipien gut ein, damit Sie sich nicht in Widersprüche verwickeln.

Spielen Sie auf Zeit: Hören Sie sich das Anliegen Ihres Gegenübers freundlich an. Bitten Sie dann um etwas Bedenkzeit, um sich mit Ihrem Partner oder Ihrer Familie abstimmen zu können. Melden Sie sich frühestens einen Tag darauf und sagen Sie dann – ohne Begründung! – »Nein, es klappt leider nicht. Wir können derzeit auch gar nicht absehen, wann wir wieder Zeit für so etwas haben.« Wichtig dabei ist, dass Sie die erste Gesprächssituation zunächst einmal ohne Ihr gewohntes »Ja« verlassen. Wenn Sie Abstand zur Situation und Ihrem Gesprächspartner gewonnen haben, fällt Ihnen die Abgrenzung viel leichter. Vielleicht ist für Sie ja auch ein dritter Weg das Richtige: Ein »Ja, aber nur zu folgenden Bedingungen« oder ein »Nein, aber mir ist eine andere Lösung eingefallen«. Probieren Sie es doch mal aus!

Überhören Sie Zwischentöne: Ihre Nachbarin erzählt, dass sie am Donnerstag operiert wird. Jetzt haben Sie die Wahl: Sie können ihr anbieten, Sie zum Krankenhaus zu fahren, während ihrer Abwesenheit Blumen zu gießen, die Post zu verwalten und die Katze zu füttern. Oder: Sie erkundigen sich nach der genauen Diagnose und wünschen ihr dann alles Gute.

Bauen Sie »technische« Grenzen: Wahrscheinlich sind es immer wieder die gleichen Kandidaten, die Sie um Gefallen bitten. Wenn Sie es überhaupt nicht schaffen, persönliche Grenzen zu setzen, dann ziehen Sie sich hinter »technische« Grenzen zurück. Gehen Sie eine Zeit lang nicht ans Telefon, wenn die Betreffenden anrufen. Antworten Sie nicht auf E-Mails – nach dem Motto: »Habe ich wohl versehentlich gelöscht.« Und falls sie Ihnen zu Hause auf die Pelle rücken, dann kann es schon mal passieren, dass Sie die Türklingel nicht gehört haben …

Vom schlechten zum guten Gewissen

Es ist wahrscheinlich, dass Sie sich in der ersten Zeit, in der Sie das Neinsagen üben, noch nicht besonders wohl in Ihrer Haut fühlen. Mit der Zeit wird es Ihnen aber zunehmend normal vorkommen, Anfragen oder Bitten auch mal abzulehnen. Und mehr noch: Sie merken, dass es Ihnen guttut, weil Sie in der Lage sind, sinnvolle Grenzen zu ziehen.

Sich nicht manipulieren lassen

Vielleicht bemerkt Ihr Gegenüber, dass Sie beim Neinsagen noch unsicher sind. Machen Sie sich deshalb darauf gefasst, dass es Ihre Standhaftigkeit prüft. Zum Beispiel durch passiven Widerstand: Sie haben zwar Nein zu einer Aufgabe gesagt, Ihr Gegenüber nimmt das aber nicht zum Anlass, diese Aufgabe wirklich selbst zu erledigen. Und so hat zum Beispiel niemand den Einkauf erledigt. Doch bleiben Sie jetzt standhaft!

Widerstehen Sie der Versuchung, die Sache in letzter Sekunde zu retten. Weisen Sie den anderen vielmehr auf seine Verantwortung hin: »Wir hatten eine Absprache – sieh zu, wie Du das jetzt hinbekommst!«

Eine andere Methode ist die der Manipulation: Nehmen wir wieder an, Sie haben Ihr Nein erfolgreich über die Lippen gebracht und eine Bitte abgelehnt. Nun kommt Ihr Gegenüber mit der betreffenden Aufgabe nicht zurecht – angeblich zumindest. Es wickelt Sie mit folgenden Sprüchen um den Finger: »Du bist meine Rettung! Niemand kann das besser als Du!« Ihr innerer Schweinehund wird sich gebauchpinselt fühlen und Sie zu einem »Na gut, dann mache ich das eben schnell« drängen. Doch lassen Sie sich Ihre wertvolle, hinzugewonnene Zeit nicht wieder zunichte machen! Entgegnen Sie lieber: »Wie schön, dass Du eine so hohe Meinung von mir hast. Und höchste Zeit, dass Du Deine eigenen Fähigkeiten trainierst!«

Bleiben Sie hartnäckig

Sowohl beim Neinsagen als auch beim Delegieren von (ungeliebten) Aufgaben kann es sein, dass Sie eine ordentliche Portion Hartnäckigkeit an den Tag legen müssen. Kommunikationstrainerin Barbara Berckhan gibt dazu folgende Tipps: Überlegen Sie sich im Vorfeld genau, was Sie von Ihrem Gesprächspartner möchten, sowie zwei bis drei passende Begründungen. Formulieren Sie dann Ihre Vorstellungen kurz und präzise. Sollte Ihr Anliegen nicht auf Gehör stoßen, gibt es mehrere Möglichkeiten, doch noch zum Ziel zu kommen. Bleiben Sie hartnäckig und wiederholen Sie

● was Ihr Gegenüber gesagt hat;
● was Sie selbst möchten;
● eine Ihrer Begründungen.

Insgesamt klingt das zum Beispiel folgendermaßen: »Es leuchtet mir ein, dass Du kaum Zeit zum Putzen hast. Und deshalb möchte ich, dass wir uns diese Aufgabe teilen. Das ist nur gerecht, denn ich habe nämlich ebenfalls sehr wenig Zeit.«

Kommen Sie dennoch nicht weiter, wiederholen Sie hartnäckig Ihre Wünsche und Vorschläge. Wichtig ist, dass Sie dabei immer zuerst die Meinung Ihres Gesprächspartners wiederholen und erst zum Schluss eine Ihrer Begründungen aus dem Hut zaubern. Wahrscheinlich kommen Sie sich vor wie der Pressesprecher eines Konzerns, der immer wieder die gleiche Platte abspult, statt sich auf Diskussionen mit den Journalisten einzulassen. Aber es hilft. Probieren Sie es am besten einfach mal aus. Und vor allem: Bleiben Sie auch in der 34. Runde ganz ruhig und gelassen. Sie werden sehen – es lohnt sich!

Schneller Ordnung schaffen

Verbringen Sie jeden Tag (zu) viel Zeit mit Suchen, Räumen, Ordnen und Herumrennen? Vielleicht liegt es an den vielen Nistplätzen, die sich der innere Schweinehund überall bei Ihnen eingerichtet hat. Mit ein paar Tricks lässt sich aber eine Grundordnung schaffen, in der Sie Ihre Sachen schneller finden und besser wieder wegräumen können. Wenn Sie außerdem Ihre Möbel optimal platzieren, sparen Sie viele Laufkilometer im Haus.

Abschaffen statt aufräumen

Fühlen Sie sich in Ferienwohnungen häufig besonders wohl? Vielleicht liegt es daran, dass hier nur das Nötigste drinsteht. Gerade genug Möbel und Geschirr, um einige Tage oder Wochen gut zurechtzukommen. Der Urlaubseffekt entsteht nämlich nicht zuletzt deshalb, weil sich solche Wohnungen in Windeseile aufräumen und reinigen lassen.

Warum retten Sie dieses Gefühl nicht auch zu sich nach Hause? Auch hier gilt: Je weniger Sie in Ihrer Wohnung haben, desto weniger Arbeit macht sie. Wenn Sie künftig also weniger Zeit in Ihre Wohnung oder Ihr Haus stecken möchten, hilft nur eins: Entrümpeln.

Mehr Zeit durch weniger Kram

Es klingt zunächst paradox – aber es ist tatsächlich so: Je mehr Stauraum Sie haben, desto mehr Gerümpel nistet sich bei Ihnen

ein. Und kostet Ihre wertvolle Zeit. Denn Sie müssen sich immer wieder durch Ihre Besitztümer wühlen, wenn Sie etwas Bestimmtes suchen. Und danach auch wieder alles aufwendig zurücksortieren und aufräumen. Je mehr Sie also ansammeln, desto länger dauert das Suchen und Finden. Außerdem: Alles, was offen herumsteht, müssen Sie regelmäßig von Staub befreien. Vielleicht fühlen Sie sich zusätzlich auch noch bemüßigt, die ganze Pracht in regelmäßigen Abständen umzuräumen oder anders zu dekorieren. Wenn Ihnen das Spaß macht, dann ist dagegen nichts zu sagen. Doch falls es Sie eher nervt oder belastet, hilft nur eines: Reduzieren Sie Ihren Stauraum – und damit Ihre Besitztümer! Schaffen Sie alle Schränke, in denen sich nur Gerümpel findet, zusammen mit ihrem Inhalt ab. Das Gleiche gilt für Regale, Ablagen und Kleinmöbel aller Art. Sie werden sich wundern, wie groß Ihre Wohnung dadurch wird – ganz ohne Zusatzkosten! Bemessen Sie dann Ihre Regale und Schränke so, dass alles, was Sie wirklich brauchen, dort auch hineinpasst.

Verstauen Sie logisch

Alles, was Sie haben, braucht einen eigenen Platz. Ob Sie nun mit beschrifteten Kisten und Kästen arbeiten, mit Farbleitsystemen, offenen Regalen oder geschlossenen Schränken – all das ist völlig gleichgültig. Haupt-

STOPPEN SIE IHRE KREMPEL-ZEIT

Übung

Mal ganz ehrlich: Wie viel Zeit brauchen Sie täglich, um Dinge zu suchen, um auf-, hin- und herzuräumen, abzustauben oder zu arrangieren? Sie wissen es nicht? Dann wird es Zeit, dass Sie diesen Zeitaufwand einmal prüfen! Greifen Sie einfach zur nächstbesten Stoppuhr: Es kommt nicht darauf an, dass Sie sekundengenau vorgehen. Wichtig ist vielmehr, dass Sie sich einmal tatsächlich über den Zeitaufwand klar werden, den Ihr – pardon! – Gerümpel von Ihnen fordert. Täglich 20 Minuten? Oder sogar zwei Stunden? Wenn Sie sich das vor Augen führen, dann bekommen Sie entweder schlechte Laune – oder Sie treffen den Entschluss, etwas zu verändern. Schließlich wissen Sie nun auch, wie viel Zeit Sie täglich gewinnen können – einfach, indem Sie sich einmal die Zeit nehmen und entrümpeln.

sache, jeder Gegenstand hat ein sicheres Zuhause, sodass Sie – so der Idealfall – nicht erst suchen müssen. Denn dadurch gewinnen Sie viel Zeit! Um Ihr Ablage- und Aufräumsystem so praktisch wie möglich zu gestalten, gibt es zwei einfache Grundregeln:

1 Je öfter Sie einen bestimmten Gegenstand brauchen, desto leichter zugänglich sollte er auch sein.

2 Jeder Gegenstand sollte möglichst nahe an der Stelle verstaut sein, wo Sie ihn brauchen und nutzen.

Beispiel Küche: kurze Wege

Experten zufolge halten wir uns im Schnitt eine ganze Woche pro Monat in der Küche auf – also etwa sechs Mal so lange wie im Wohnzimmer. Eine sorgfältige Küchenplanung lohnt sich daher nicht nur unter ästhetischen Gesichtspunkten, sondern auch unter zeitplanerischen. Heute arbeiten die meisten Küchenplaner mit dem sogenannten »Arbeitsdreieck«. Das ist eine gedachte Linie zwischen Kühlschrank, Kochstelle und Spüle. Ziel ist, die Wege zwischen diesen drei Arbeitsflächen möglichst kurz und frei von Hindernissen zu halten. Auch aus ergonomischen Gründen ist es ideal, wenn zwei Arbeitszentren nicht mehr als eine doppelte Armlänge voneinander entfernt stehen. Sind die Arbeitszonen optimal angeordnet, reduziert sich die Zahl der gelaufenen Küchenkilometer deutlich – Küchenplaner gehen

von einer Abnahme um etwa 20 Prozent aus. Damit sinkt natürlich auch die Arbeitszeit, die Sie im Küchenbereich aufwenden.

Noch mehr Zeit wird gespart, wenn der Platz zwischen Spüle und Kochstelle groß genug ist, um dort Lebensmittel vorzubereiten. Experten in Sachen Küchenplanung empfehlen eine Fläche von mindestens 90 x 60, besser noch 120 x 60 Zentimetern. Haben Sie keine solche Arbeitsfläche zur Verfügung, so verbringen Sie zwangsläufig viel Zeit damit, Behelfsflächen freizuräumen, oder tragen Ihre Zutaten immer wieder quer durch die Küche zu einer Stelle, die gerade frei und für die Zubereitung geeignet ist.

Sie sparen sich weiteren überflüssigen Arbeitsaufwand, wenn Sie Ihre Kochutensilien wie Töpfe, Pfannen, Kochlöffel, Öle und Gewürze in unmittelbarer Nähe zum Kochfeld, und Ihren Vorrat an Lebensmitteln des täglichen Bedarfs wiederum im Bereich Ihrer Arbeitsfläche unterbringen.

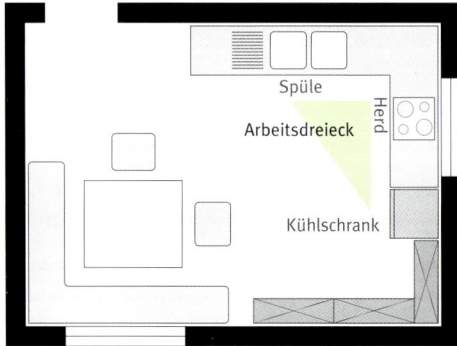

Beispiel Kinderzimmer: schnelle Ordnung

Im Kinderzimmer findet alles statt, wofür Sie als Erwachsener möglicherweise ein eigenes Zimmer haben oder sogar mehrere Räume nutzen: Es ist Schlafzimmer, Büro, Werkstatt, Turnhalle, Musikzimmer, Bibliothek, Partyraum und Spielhalle zugleich. Hier eine Struktur einzurichten, die ausgiebiges Spielen und schnelles Aufräumen gleichzeitig ermöglicht, ist gar nicht so einfach. Und ein Patentrezept gibt es dafür natürlich auch nicht. Am besten, Sie gehen von der aktuellen Interessenlage und vom Entwicklungsstand Ihres Kindes aus. Malt und werkelt es leidenschaftlich gerne, dann braucht es einen entsprechend großen Tisch und alle Utensilien in Reichweite. Verpflegt und hegt Ihr Nachwuchs vor allem seine zahlreichen Puppen und Stofftiere, stehen Puppenküche, -wagen und -betten im Mittelpunkt. Ist Ihr Sprössling eine Leseratte, braucht er eine gemütliche Leseecke mit den entsprechenden Regalmetern. Und ganz klar: Ändert sich die Interessenlage, so wird der Raum entsprechend umgemodelt und angepasst.

Grundsätzlich gilt das gleiche Prinzip wie in der Küche: Alle Materialien und Spielsachen sollten direkt dort stehen, wo sie gebraucht werden, damit sie nicht erst von einer Zimmerecke in die andere geräumt oder aus hohen Regalen heruntergehievt werden müssen. Einrichter von Kindergärten plädieren dafür, die Räume in bestimmte Themenecken aufzuteilen. Hier wird gebaut und dort gekuschelt, hier getobt und dort musiziert, hier können sich Kinder in Ruhe zurückziehen und sich dort miteinander treffen. Liegt dem Raum so eine klare Struktur zugrunde, fällt auch das Aufräumen gleich viel leichter.

Wichtig ist außerdem: Arbeiten Sie mit großen Kisten und Kästen, die Sie möglichst nur zur Hälfte befüllen. Das bringt zwei Vorteile: Zum einen können Kinder besser darin herumkramen – oder sich bei Bedarf auch hineinsetzen –, zum anderen können sie das Spielzeug schneller wieder zurückräumen – oder vermutlich vielmehr hineinpfeffern.

Schnelle Lösungen für kleine Zeitfallen

Sie haben ein für Ihren Alltag optimales Zeitmanagement aufgestellt – und trotzdem knirscht es immer wieder im Getriebe? Sie haben zeitliche Engpässe und geraten deshalb in Stress? Schuld sind die kleinen Tücken und auch die dicken Schweinehunde, die sich trotz aller Planung nicht völlig vertreiben lassen. Hier finden Sie Soforthilfe für den ganz normalen Zeitplanungs-Wahnsinn in Ihrer Partnerschaft oder Ihrer Familie.

Simple Tricks für Ihr Zuhause

Mit den Zeitfressern verhält es sich wie mit vielen Tücken des Alltags: Sie verstecken sich im Detail. Doch wenn Sie erst einmal herausgefunden haben, welche Zeitfallen Ihnen den Alltag erschweren, ist der Umgang mit ihnen gar nicht so schwer – denn hier sind die einfachsten Lösungen häufig die besten. Lesen Sie nun einige praktische Tipps dazu.

Informationsflut

Jeden Tag stapeln sich Werbeprospekte vor Ihrer Türe, steckt ein Briefstapel in Ihrem Kasten, tauchen zahlreiche Spam-Mails in Ihrem Mail-Postfach auf, und der Fernseher berieselt Sie sicher auch mit seinen mehr oder weniger interessanten Neuigkeiten. Wie viel Zeit kostet Sie das täglich? Wie viel Zeit aber möchten Sie tatsächlich damit zubringen? Machen Sie doch eine Zeit lang mal Nulldiät, um das herauszufinden: Bestellen

Sie alle Zeitungen und Zeitschriften ab, werfen Sie alle Wurfsendungen ungelesen ins Altpapier oder bringen Sie einen Aufkleber an Ihrem Briefkasten an, dass Sie keine Werbung wünschen. Rufen Sie außerdem keine Mails ab, lassen Sie die Post im Postamt lagern und verleihen Sie Ihren Fernseher oder bringen ihn in den Keller. Wie viele wichtige Informationen haben Sie nach einer Woche verpasst? Möglicherweise überhaupt keine. Was hat Ihnen gefehlt? Was Sie unbedingt wieder haben möchten, das lassen Sie wieder in Ihre vier Wände – alles andere muss leider draußen bleiben.

Gerümpel

Können Sie sich nur schwer von Dingen trennen? Dann kleben Sie Verfallsdaten auf diese Gegenstände. Diese Fristen müssen keinerlei tatsächlicher oder nachvollziehbarer Logik folgen – es reicht, wenn die Daten für Sie einen Sinn ergeben. Entscheiden Sie also nach sechs Monaten, ob Sie Tante Hildes Schrank tatsächlich noch brauchen, und nach einem Jahr, was Sie mit Onkel Ferdinands Ohrensessel anstellen. Gehen Sie genauso mit dem Gerümpel vor, das Ihnen andere ins Haus schleppen. Vereinbaren Sie ein Verfallsdatum und tragen Sie sich das in den Kalender ein. Wenn die betreffende Person sich bis zu diesem Zeitpunkt nicht bei Ihnen gemeldet hat, landet das »abgelaufene« Objekt auf dem Müll.

Wege im Haus

Haben Ihre Pantoffeln etwa schon schief getretene Sohlen? Dann liegt das möglicherweise an den zu langen Wegen in Ihrer Wohnung oder Ihrem Haus. Diese kosten Sie aber nicht nur Energie, sondern auch eine Menge Zeit. Überprüfen Sie deshalb die Standorte und erforderlichen Wege in Ihren vier Wänden:

- Welchen Weg nehmen Ihre Lebensmittel von der Anlieferung bis zur Verarbeitung?
- Durch welche Tür kommen die Getränke ins Haus? Wo werden sie gelagert, wo geleert?
- Wie wird die Wäsche durch Ihr Haus geschleust?
- Wo werden Schuhe, Mäntel und Mützen gebraucht und wo tatsächlich aufbewahrt?

Organisieren Sie Ihre Wohnung oder Ihr Haus so um, dass alle Wege möglichst kurz werden. Und wenn es gar nicht anders geht, richten Sie vorübergehend Zwischenlager für bestimmte Dinge ein.

Kochen

Berechnen Sie die Essensmenge möglichst so, dass Sie nachher keine Reste verwalten müssen. Dabei hilft Ihnen eine kleine Versuchsreihe, bei der Sie eine Zeit lang notieren, wie viel Gramm Spaghetti Sie beispielsweise jeweils gekocht haben – und wie viel davon gegessen wurde beziehungsweise übrig blieb. So können Sie in Zukunft die optimale Menge für alle Mitesser auftischen.

Waschen und bügeln

Wenn Sie Ihre Zeit für Wäschepflege reduzieren wollen, können folgende Tipps für Sie hilfreich sein:

- Schaffen Sie einen Wäschetrockner an, sofern Sie das mit Ihrem ökologischen Gewissen vereinbaren können. Sie sparen nicht nur die Zeit zum Wäsche auf- und abhängen, sondern auch – je nach Ihren persönlichen Mindeststandards – bis zu 100 Prozent Ihrer Bügelzeit.
- Wenn Sie keinen Wäschetrockner haben oder anschaffen möchten, Ihre Wohnung aber über eine Fußbodenheizung und einen geeigneten Bodenbelag verfügt: Legen Sie Kleinteile wie Kindersocken über Nacht auf den Boden. Das trocknet schneller als aufgehängt.
- Kaufen Sie keine Kleidung, die Sie mit der Hand waschen oder aufwendig bügeln müssen.
- Bevor Sie zum Stopfei greifen, rechnen Sie mal aus: Wie lange brauchen Sie zum Stopfen einer Socke? Und was kostet ein neues Paar?

Putzen

Dauert Ihnen der Hausputz zu lange? Dann haben Sie mehrere Möglichkeiten:

- Lösen Sie sich von den Putzstandards Ihrer Vorfahren und Ihrer Nachbarschaft.
- Schaffen Sie optimales Werkzeug an. Legen Sie Wert auf Qualität, nicht auf Quantität!
- Delegieren Sie Putzarbeiten entweder innerhalb Ihrer Familie oder an externe Dienstleister.

Wenn es um die Beschäftigung einer Putzfrau geht, tauchen vielleicht vonseiten Ihrer Mitbewohner folgende Vorbehalte auf:

- »Ich kann doch nicht jemand die Drecksarbeit für mich machen lassen!« Hier das passende Gegenargument: »Warum nicht, wenn die Bezahlung angemessen ist?«
- »Ich will keine fremde Person im Haus haben.« Darauf entgegnen Sie: »Was genau befürchtest Du? Wie müssten die Rahmenbedingungen sein, damit Du Dir keine Sorgen machst?« Vielleicht reicht es dem Betreffenden ja schon, wenn die Putzfrau sein Arbeitszimmer nicht betritt.

Hausaufgabenhilfe

»Ich habe gar keine Zeit mehr, weil ich mit meinem Sohn jeden Nachmittag stundenlang an seinen Hausaufgaben sitze«, klagt sicher so manche Mutter. Und fragt sich, wie sie denn trotzdem ihren Haushalt in den Griff bekommen soll. Die eigentliche Frage ist aber eine andere: Ist es überhaupt sinnvoll, dass sich

Eltern massiv in die Hausaufgaben ihrer Sprösslinge einmischen? Liegt die Verantwortung für diese Aufgaben nicht ganz allein bei den Kindern? Demotivieren Sie Ihren Nachwuchs vielleicht sogar, weil Sie ihm durch Ihre permanenten Hilfestellungen und Kontrollen das Gefühl vermitteln, dass er seine Hausaufgaben nicht alleine bewältigen kann?

Ganz klar – Patentlösungen kann es bei diesem schwierigen Thema nicht geben. Wenn Sie jedoch unsicher sind, wie Sie sich verhalten sollen, suchen Sie das Gespräch mit Lehrern oder auch mit einem Kinderpsychologen. Das Wichtigste aber: Begrenzen Sie die tägliche Zeit für die Hausaufgaben Ihrer Kinder. So können Sie Ihren Nachwuchs schon ab der Grundschule dabei unterstützen, ein Zeitbewusstsein sowie ein Gefühl für Verantwortung zu entwickeln – und dabei außerdem ein gutes Selbstbewusstsein! Aufschieberitis und Schlendrian haben so kaum eine Chance!

Haustiere

Wenn Sie Haustiere haben, wissen Sie: Tiere machen viel Dreck und viel Arbeit. Und kosten viel Zeit. Andererseits können Haustiere aber auch ein großer Gewinn für die ganze Familie sein: Es ist bewiesen, dass das Halten von Haustieren die seelische Ausgeglichenheit fördert und das Gefühl der Zusammengehörigkeit in Familien unterstützen kann.

Folgende Tipps können Ihnen helfen, die Tierpflege zu bewältigen:

- Verteilen Sie die zu erledigenden Aufgaben auf alle Familienmitglieder.
- Lagern Sie Aufgaben aus, wenn Sie sich überlastet fühlen: Vielleicht findet sich ein Nachbar oder ein Kind in der Nachbarschaft, das gerne einmal mit Ihrem Bello Gassi geht.
- Erziehen Sie Ihr Tier so gut wie möglich – vielleicht sogar mithilfe eines professionellen Trainers: Je mehr Ihnen Ihre Tiere nämlich auf der Nase, auf den Tischen oder sonst wo herumtanzen, desto mehr Zeit müssen Sie investieren, Wurstscheiben, zerbrochene Gläser und Tierhaare einzusammeln.

Falls Sie (noch) keine Tiere haben, beherzigen Sie folgenden Hinweis: Starten Sie einen Probelauf: Leihen Sie sich das von Ihnen oder Ihren Kindern heiß ersehnte Tier für eine Weile aus. Entweder während der Urlaubszeit von Bekannten oder aus dem Tierheim. Dann können Sie testen, wie Sie alle mit der Zusatzbelastung fertig werden.

Garten und Zimmerpflanzen

Lieben Sie Gartenarbeit? Schön. Falls nicht, machen Sie sich die Sache doch möglichst einfach:

- Bevorzugen Sie Pflanzen, die Sie im Sommer nicht oft gießen müssen und die im Herbst nicht Unmengen Laub verlieren.

- Bevorzugen Sie mehrjährige Pflanzen, damit Sie nicht jedes Jahr wieder neu anpflanzen müssen.

Und im Haus? Falls Sie viele Zimmerpflanzen haben, dann achten Sie doch mal darauf, wie viel Zeit Sie täglich mit Wässern, Blättchen zupfen, Blumentöpfe arrangieren und Schädlingsbekämpfung verbringen. Pflanzen sind Ihre Leidenschaft? Dann genießen Sie dieses Hobby. Falls dies aber nicht der Fall ist:

- Schaffen Sie alle Pflanzen ab, die ständig viele Blätter verlieren.
- Trennen Sie sich von allen Pflanzen, die bereits von Schädlingen befallen oder sehr anfällig dafür sind.
- Verschenken Sie (wertvolle) Pflanzen, die eine sehr anspruchsvolle Pflege brauchen.
- Konzentrieren Sie sich auf robuste, pflegeleichte Gewächse.

Besuch

Empfinden Sie Besucher als Zeiträuber? Dann setzen Sie ihnen Grenzen. Teilen Sie bei Einladungen Beginn und Ende der Veranstaltung mit. Machen Sie das Mitbringen von Essen und das abschließende gemeinsame Aufräumen zur Gewohnheit. Und schicken Sie überraschenden Besuch wieder nach Hause, wenn es Ihnen gerade nicht passt.

Handwerker

Man kommt nicht daran vorbei: Die Heizung muss gewartet werden, der Boiler repariert oder die schleifende Haustür gerichtet. Wie gut, wenn man zuverlässige Handwerker findet. Was aber tun, wenn diese sich nicht an die vereinbarten Termine halten – oder sich festquatschen, wenn sie denn dann endlich mal da sind? Das können Sie mit ein paar Tricks regeln:

- Fragen Sie den Handwerker sofort, wie lange er für seinen Einsatz braucht. Sagen Sie ihm, dass Sie nach Ablauf dieser Zeit einen dringenden Termin haben.
- Beaufsichtigen Sie den Handwerker nicht permanent – das lenkt ihn von der Arbeit ab und verleitet zu Smalltalk. Es reicht völlig, wenn Sie ab und zu mal am Ort des Geschehens vorbeischauen und dem Handwerker sagen, wo Sie zu finden sind.

Vertreter

Wenn Sie überraschenden Besuch lieben, dann haben Sie vielleicht gar nichts gegen all die freundlichen Menschen, die bei Ihnen klingeln, um Kosmetikartikel, maßgeschneiderte Hemden, Kochlöffel, Versicherungen oder Plastikdosen zu verkaufen. Haben Sie keine Freude am Direktvertrieb, dann hilft nur eins: ein freundliches, aber sehr deutliches Nein! Haben Sie keine Scheu, möglicherweise etwas unhöflich zu wirken, um den unliebsamen Besuch wieder loszuwerden. Je nachdem, wie dreist beziehungsweise einsichtig Ihr »Gast« ist, genügt vielleicht aber auch schon die höflichere Variante: »Vielen Dank, aber ich habe kein Interesse an Ihren Produkten!«

Sparen Sie Zeit – unterwegs

Zeit gewinnen können Sie natürlich nicht nur daheim – das geht auch, wenn Sie unterwegs sind. Dabei gilt: Gut organisiert ist halb gewonnen. Mit ein paar ebenso einfachen wie effektiven Tricks machen Sie sich das Leben ein Stück weit leichter.

Einkaufen

Reduzieren Sie Ihre Einkaufszeit, indem Sie konsequent außerhalb der Stoßzeiten einkaufen. Möglicherweise können Sie auch den Lieferservice von Drogerien, Tiefkühlspezialisten oder Getränkehändlern in Anspruch nehmen. Oder Sie beauftragen jemanden damit, für Sie einzukaufen. Hängen Sie eine entsprechende Anzeige in Ihrem bevorzugten Supermarkt aus und testen Sie diese Möglichkeit doch einfach mal.

Fahrtzeiten

Organisieren Sie Ihr Leben so, dass Sie viele Einzelfahrten und dadurch lange Fahrtzeiten umgehen. Das heißt: Wählen Sie Kinderkrippe, Kindergarten, Schule, Sportstudio, Supermarkt, Ärzte, Frisör und andere Dienstleister nicht nur nach ihrer Qualität oder dem optimalen Preis-Leistungs-Verhältnis aus, sondern auch danach, dass der Standort für Sie schnell zu erreichen ist. Versuchen Sie außerdem, Ihre Termine so zu legen, dass Sie möglichst viele Fahrten verbinden können.

Wartezeiten

Sicher kennen Sie das auch: Immer wieder werden Sie aus Ihrem geplanten Ablauf gerissen und landen in irgendeiner Warteschleife. Sei es beim Arzt, beim Frisör, am Telefon oder weil Ihr Gesprächspartner sich verspätet. Dann können Sie mit hämmerndem Puls auf und ab rennen und sich in Ihren Ärger hineinsteigern. Aber das ändert nichts. Einfacher – und besser für Ihre Gesundheit – ist es, wenn Sie Ihre Einstellung ändern. Sehen Sie solche Wartezeiten als Geschenk! Endlich haben Sie Zeit, Ihren Gedanken nachzuhängen, ein paar Seiten in einem Buch zu lesen, das Sie für solche Gelegenheiten immer bei sich tragen sollten oder aber darüber nachzudenken, welche Zeiträuber es in Ihrem Alltag sonst noch so gibt. Die passende Vorlage dazu finden Sie im Anhang (Seite 170).

Bleiben Sie dran

Herzlichen Glückwunsch! Sie haben sich mit dem Thema Zeitplanung auseinandergesetzt! Das allein ist eine große Leistung, denn die meisten Schweinehunde schlagen einen großen Bogen um dieses Thema. Haben Sie Ihr neues Zeitmanagement auch umgesetzt? Wunderbar. Dann heißt es jetzt: Bleiben Sie dran! Der Schweinehund wird weiterhin auf der Lauer liegen, um Ihnen im passenden Moment einen Strich durch Ihren schönen Zeitplan zu ziehen.

Gewinnen Sie gemeinsam

Geteilte Freude ist bekanntlich doppelte Freude – und beim Zeitgewinn ist es ähnlich. Wenn beim Thema Zeitmanagement alle an einem Strang ziehen, gewinnt die ganze Familie an Lebensqualität. Und außerdem fällt die Umsetzung leichter. Vielleicht liegt das daran, dass der Schweinehund gern im Rudel unterwegs ist. Laufen alle Schweinehunde brav mit, wird ein einzelner kaum aus der Reihe tanzen wollen. Sein Herrchen oder Frauchen würde durch ihn ja das Gesicht verlieren – und das will der Schweinehund auf alle Fälle verhindern!

Holen Sie sich Hilfe

Haben Sie das Gefühl, Ihr Zeitmanagement funktioniert noch nicht so richtig? Oder es gerät im Alltag immer wieder in Vergessenheit? Dann organisieren Sie sich Hilfe von außen: Eine einfache, aber sehr wirksame

Möglichkeit ist es, eine Art Wettrennen mit einer befreundeten Familie zu veranstalten. Messen Sie sich zum Beispiel darin, wie viel zusätzliche Zeit Sie und Ihre Lieben pro Woche herausschlagen, die Sie dann mit schönen Unternehmungen verbringen – vielleicht sogar hin und wieder mit der anderen Familie gemeinsam?

Hilfreich kann auch eine regelmäßige Beratung oder Kontrolle durch einen Coach sein. Das muss nicht unbedingt ein ausgebildeter und teurer Berater sein. Oft reicht es schon, wenn alle wissen, dass Onkel Willi am kommenden Freitag wieder einen aktuellen Lagebericht vom Familienleben erwartet.

Wenn Sie in Sachen Zeitmanagement bereits fortgeschritten, mit Ihrem Zeitgewinn aber trotzdem (noch) nicht zufrieden sind, dann können Sie auch über geeignete Seminare nachdenken. Das Thema Zeitmanagement steht mittlerweile fast überall auf dem Programm. Vielerorts finden sich auch Fortbildungen zum Thema »Familienkonferenz nach Gordon« (siehe Seite 115).

Familienkonferenz mit Schweinehunden

Möglicherweise fällt es Ihnen oder anderen Familienmitgliedern schwer, Aufschieberitis und Schlendrian in den Griff zu bekommen – allen Bemühungen zum Trotz. Machen Sie in diesem Fall den Schweinehund selbst zum Thema Ihrer Familienkonferenz. Finden Sie

gemeinsam heraus, wo Sie und Ihre Lieben nach wie vor Zeit verplempern. Welche positiven Absichten könnten die einzelnen Schweinehunde damit verfolgen? Listen Sie diese Hintergründe und Einsichten auf und versuchen Sie, den versammelten Schweinehunden Alternativen anzubieten, die zum gleichen Ziel führen. Zum Beispiel:

Trödeln am Morgen

Jeden Morgen das gleiche Spiel: Hektik und Streit, Heulen und Schimpfen, Herumrennen und Suchen. Irgendjemand wird immer nicht rechtzeitig fertig. Zu welchem Zweck könnte der Schweinehund so ein Drama inszenieren – und das täglich?

Hier finden Sie einige Erklärungen und dazu passende Gegenmaßnahmen:

● Der Betreffende hat ein starkes Bedürfnis nach einem intensiven Kontakt zu den Familienmitgliedern, bevor alle den kommenden Tag lang getrennte Wege gehen. So ein enger Kontakt entsteht auch beim Schimpfen und Streiten. Alternative: eine Frühstücksroutine schaffen, die das Gefühl der Zusammengehörigkeit ohne Auseinandersetzung und Geschimpfe entstehen lässt.

● Der Betreffende wünscht sich, dass er nach dem Wecken ausreichend Zeit hat, um ganz langsam und allmählich aufwachen zu können. Alternative: etwas zeitiger ins Bett gehen und den Wecker entsprechend früher klingeln lassen.

● Der Betreffende legt großen Wert darauf, seine Garderobe ganz in Ruhe zusammenzustellen. Alternative: bereits am Abend zurechtlegen, was am nächsten Tag getragen werden soll.

Wursteln mit Wäsche

In etlichen Familien gibt es eine Person, die sich jede Woche über Stunden mit der Wäsche für die ganze Familie beschäftigt. Erstaunlicherweise reagiert sie auf Entlastungsvorschläge wie »Lass uns die Hemden zum Bügelservice bringen und das Bettzeug in die Wäscherei« sehr zurückhaltend: »Die machen das nicht ordentlich genug. Außerdem ist es zu teuer.« Trotzdem ist das betreffende Familienmitglied nicht glücklich dabei, wenn es stundenlang Wäschestücke auf- und abhängt, wässert, mangelt, bügelt, faltet und stapelt. Welche positive Absicht könnte sein Schweinehund dabei hegen?

KINDER HABEN EIN EIGENES ZEITGEFÜHL

Know-how

Kinder bis zu drei Jahren können zwar Handlungsabläufe verstehen und nachvollziehen, haben aber keine Vorstellung von Zeit – zumindest keine, die mit der von Erwachsenen irgendwie vergleichbar wäre. Bewusste erste Zeitvorstellungen entstehen erst zwischen drei und sieben Jahren. Doch wie Untersuchungen zu dem Thema belegen: Auch dann, wenn ein Kind bereits die Uhr lesen kann, hat es keine Vorstellung davon, was genau eine Minute oder eine Stunde ist. Im Grundschulalter entwickelt sich dann langsam die Fähigkeit, Zeitabschnitte einschätzen zu können. Und erst mit etwa neun Jahren sind Kinder schließlich in der Lage, die Zeitdauer von Handlungen ungefähr vorherzusagen.

Eine Ausnahme gibt es aber: Wenn Kinder emotional sehr mit einem Ereignis verbunden sind, entwickeln sie schon in einem früheren Alter ihre ganz eigenen Zeitvorstellungen. So können die meisten Dreijährigen ihr Alter angeben, Vierjährige wissen, wann ihr nächster Geburtstag ist. Und die letzten Tage vor Weihnachten zählen schon kleine Kinder in ihrer eigenen Zeitrechnung: »Noch drei Mal schlafen, und dann kommt das Christkind.«

- Er möchte, dass die Wäschechefin – oder der Wäschechef – endlich einmal allein ist und sich so bei dieser Arbeit etwas entspannen kann. Alternative: Das ginge viel besser in einer gemütlichen Atmosphäre – etwa bei einer Kanne Tee und entspannender Musik auf dem Sofa.
- Er wünscht sich ein sichtbares Ergebnis. Blitzsaubere Wäschestapel beispielsweise bringen nur ein kurzfristiges Erfolgserlebnis. Alternative: Wer malt oder sich handwerklich versucht, hat viel länger Freude an seinen Werken.

Sachen suchen

Sind Sie oder ein anderes Familienmitglied regelmäßig auf der Jagd nach Ihren Schlüsseln, Ihrem Telefon, Ihrem Führerschein, Ihren Handschuhen oder Ihrem Regenschirm? Haben Sie einmal überschlagen, wie viel Zeit Sie in diese permanenten Suchaktionen investieren? Wozu könnte das – aus Sicht des dahintersteckenden Schweinehundes – wohl gut sein?

- Eine vielleicht etwas ungewöhnliche, aber nicht selten zutreffende Erklärung ist folgende: Manche Menschen empfinden beim Suchen so etwas wie ein Flow-Gefühl. Sie fühlen sich herausgefordert, kriegen die Kurve gerade so und freuen sich schlussendlich über ihr Erfolgserlebnis. Dass sie damit die Familie nerven, nehmen sie in Kauf. Alternative: andere Flow-Erlebnisse schaffen, zum Beispiel beim Sport oder einem produktivem Hobby wie Malen, Stricken oder Töpfern.

● Vielleicht handelt es sich bei diesem Verhalten aber auch um ein Ablenkungsmanöver des Schweinehundes: Er möchte Ihnen noch ein paar Minuten zu Hause gönnen, bevor Sie beispielsweise zur Arbeit fahren. Hier drängt sich die Frage auf: Gehen Sie gerne zur Arbeit? Haben Sie den richtigen Job? Vielleicht sollten Sie mal über eine Alternative nachdenken.

Bilden Sie Schweinehund-Teams

Toben in Ihrer Familie Schweinehunde ganz unterschiedlicher Art und Ausprägung herum? Dann haben Sie einerseits viel Konfliktpotenzial unter Ihrem Dach, andererseits aber auch eine große Chance: Sie können jeweils Teams aus zwei gegenteilig gepolten Zeitmanagern zusam-

Ich darf auch mal gewinnen!

Ziel Ihrer gemeinsamen Zeit-Gewinn-Aktion muss es gar nicht sein, uns Schweinehunden ganz das Handwerk zu legen. Streben Sie lieber eine »friedliche Koexistenz« an, in der jeder zum Zuge kommt. Das heißt: Gönnen Sie uns hin und wieder einen kleinen Sieg. Dafür lassen wir Sie in den wirklich wichtigen Momenten auch in Ruhe.

menstellen. Diese können sich ergänzen, können sich gegenseitig wertvolle Tipps geben und im besten Falle voneinander lernen. So können effiziente Zeitmanager in Kooperation mit einem Vertreter der spontanen oder der emotionalen Zunft lernen, ihre Pläne verschiedenen Situationen angemessen anzupassen. Extrem zuverlässige Zeitmanager können an ihrem spontanen Gegenüber beobachten, wie viel sich auch ohne genaue Planung realisieren lässt. Umgekehrt können sich spontane Typen abschauen, wie viel schneller effiziente Zeitmanager zum Ziel kommen, ohne zwangsläufig unkreativ zu sein. Und emotionale Zeitgenossen können von effizienten oder zuverlässigen Zeitmanagern lernen, dass sie ihren Gefühlen nicht immer sofort Folge leisten müssen, sondern sich auch mal an einem Zeitplan orientieren können. So profitiert jeder Typ von den Stärken des oder der anderen!

Jedem Lebensalter seinen Schweinehund

Bedenken Sie beim Thema Zeitplanung, dass die gängigen Management-Methoden auf die Arbeitswelt eines durchschnittlichen Erwachsenen zugeschnitten sind. Daher ist es erforderlich, für Alltag und Familie Ihr Zeitmanagement anzupassen. Und für die jüngeren sowie älteren Mitglieder Ihrer Familie andere Maßstäbe der Zeitplanung anzulegen. Für die Entwicklung Ihrer Kinder nämlich sind das ziellose Herumwursteln und sogar Langeweile sehr wichtig. Pubertierende Töchter müssen stundenlang telefonieren und ebenso lange mit Schminkutensilien vor dem Spiegel stehen. Söhne müssen mit ihren Freunden »abhängen«, ohne Sinn und Ziel durch die Gegend streifen und Entdeckungen machen. Das ist keine Zeitverschwendung, sondern gehört zur normalen Entwicklung unbedingt dazu. Und die ältere Generation? Dass Ihre Großeltern kein so rasantes Tempo mehr an den Tag legen wie vielleicht mit Mitte zwanzig, versteht sich von selbst. Und vermutlich ist für sie die Bewältigung des eigenen Alterungsprozesses wichtiger – zum Beispiel indem sie die Zeit mit dem Hin- und Herräumen von Erinnerungsstücken verbringen. Jedem Alter also das Seine!

Das Thema bleibt auf der Tagesordnung

Ihre Familie und Sie – inklusive aller individuellen Schweine hunde – sind im Moment ganz begeisterte Zeitplaner? Sehr gut. Doch die Devise heißt durchhalten: Sie machen sich die erfolg- reiche Umsetzung Ihres Zeitmanage- ments leichter,

wenn Sie das Thema langfristig präsent hal- ten und aktiv daran arbeiten.

Eine Möglichkeit sind regelmäßige Familien- konferenzen: Wie wäre es, wenn Sie zum Beispiel an jedem Wochenende bei einem gemeinsamen Essen über die Erfahrungen der vergangenen Woche sprechen? Zusätz- lich können Sie jeden Monat eine große Zeitgewinn-Konferenz abhalten, bei der Sie gegebenenfalls Aufgaben anders strukturie- ren und neu verteilen. Oder was halten Sie von einer Strategiesitzung zu Beginn eines jeden Quartals? Das ist eine gute Gelegenheit für alle Familienmitglieder, neue Ideen ein- zubringen. Und einmal im Jahr treffen Sie sich, um Ihre Methoden und Pläne zu beur- teilen – und zwar im Hinblick auf die Frage: Wie gewinnen wir noch mehr Zeit? Dabei kann es auch darum gehen, eine Vision zu entwickeln, was Sie alle mit dieser zusätz- lichen freien Zeit anfangen möchten. Ob nun mit der ganzen Familie oder allein, im Job oder im Privatleben – Sie werden sich mit Ihrem Schwei- nehund schnell über eine Sache einig sein: Gemeinsam ein Ziel zu erreichen, gehört zu den schönsten Erfahrungen. Feiern Sie sich und Ihren Schweinehund dafür ausgiebig – Zeit dafür ist jetzt ja ausrei- chend vorhanden!

Jedes Jahr
Vision entwickeln

Jedes Quartal
Strategiesitzung

Jeden Monat
Zeitgewinn-Konferenz

Jede Woche
Erfahrungsaustausch

Schweinehundsichere Tipps für jeden Typ

Zum Abschluss finden Sie hier das Wichtigste auf einen Blick, damit Sie und Ihr innerer Schweinehund die besten Zeitplaner werden. Und zwar im Umgang mit Zeit ❶, beim Zeitmanagement im Job ❷ und in Ihrem Alltag ❸.

Der effiziente Zeitmanager

❶ *Sie sind ein hervorragender Zeitmanager. Möglicherweise übertreiben Sie es mit Ihrer Effizienz aber etwas – und vernachlässigen Ihr Bedürfnis nach Abwechslung, Austausch mit anderen oder sogar einer Pause zwischendurch. Versuchen Sie, etwas weniger streng mit sich und Ihrem Schweinehund zu sein. Und hören Sie auf Ihre Gefühle – dann werden Sie sogar noch effizienter vorankommen.*

❷ *Im Job sind Sie dafür bekannt, dass alles reibungslos funktioniert. Möglicherweise bleiben dabei aber die Team-Stimmung und manch innovative Idee auf der Strecke. Nur Mut: Manchmal führt auch ein Weg zum Ziel, der nicht der kürzeste ist. Achten Sie auch auf Ihre Balance – Sie sind nur dann erfolgreich, wenn Sie ausgeglichen sind.*

❸ *Auch in der Familie wird Ihr Organisationstalent geschätzt. Gelegentlich aber kommt es zu Unstimmigkeiten, weil eine für Sie optimale Lösung nicht allen gefällt. Nehmen Sie Ihren Schweinehund an die Leine: Nicht die Optimierung steht zu Hause an erster Stelle, sondern die Gemeinschaft.*

Der zuverlässige Zeitmanager

❶ *Ihr Zeitmanagement haben Sie bestens im Griff – vielleicht sogar ein bisschen zu perfekt? Hinter Ihren detaillierten Zeitplänen steckt wahrscheinlich ein Schweinehund, der etwas ängstlich veranlagt ist. Versuchen Sie, Ihren treuen Begleiter zu ermutigen. Es geht auch, wenn Sie Ihre Pläne ein wenig grober stricken und Ihre Kontrollen etwas weniger genau durchführen. Lassen Sie die Leine Stückchen für Stückchen lockerer – dadurch gewinnen Sie wertvolle Zeit für sich selbst!*

❷ *Ihr innerer Schweinehund verführt Sie zu Perfektionismus. Deshalb sind Sie im Job einerseits für Ihre sehr guten Arbeitsergebnisse bekannt, andererseits aber auch dafür, dass Sie sich gelegentlich mit der Zeit total verzetteln. Machen Sie Ihrem Schweinehund klar, dass Sie mit guten Ergebnissen insgesamt viel erfolgreicher und auch viel entspannter leben können als mit perfekten.*

❸ *Auch im Alltag haben Sie alles so perfekt organisiert, dass nichts aus dem Ruder läuft. Möglicherweise haben Sie sich dadurch aber ein Korsett geschaffen, das Sie in Ihrer Bewe-*

gungsfreiheit ein-
schränkt. Sagen Sie
Ihrem Schweinehund:
»Rituale und Routinen
sollen das Leben ein-
facher machen – nicht
komplizierter.«

Der spontane Zeitmanager

1 Mit Zeitplänen können Sie wenig anfangen. Sie folgen Ihren spontanen Ideen ganz
ungehemmt, weil Ihnen Ihr innerer Schweinehund alle Termine aus dem Gedächtnis löscht.
Er möchte, dass Sie sich die größtmögliche
Freiheit nehmen! Aber er würde auch gern
auf den Stress und Streit verzichten, den Ihr
Terminchaos häufig auslöst. Setzen Sie hier
an: Entwerfen Sie eine einfache Zeitplanung
und feiern Sie jeden kleinen Fortschritt. Und
freuen Sie sich über die zusätzliche Freiheit,
die Sie dadurch gewinnen.

2 Im Job schätzt man Ihre guten Ideen und
kreativen Lösungsansätze. Es ist aber auch bekannt, dass Sie lieber neue Projekte beginnen,
als bereits begonnene abzuschließen. Lassen
Sie sich von Ihrem Schweinehund nicht über-
rumpeln. Teilen Sie die anstehende Arbeit in
kleine Happen ein, sodass er sie ohne Knurren
schluckt – und Sie ohne Störung Ihre Aufgabe
zu Ende führen können.

3 Im Alltag schließen Sie sich am besten mit
einem Zeitmanager zusammen, der völlig anders veranlagt ist als Sie. So steigt Ihre Chance,
dass Sie Ihre Rechnungen rechtzeitig bezahlen
und der Kühlschrank meistens gefüllt ist. Lassen Sie Ihre Mitmenschen im Gegenzug an
Ihren kreativen Ideen teilhaben. Und sorgen
Sie gelegentlich für Überraschung, indem Sie
etwas superpünktlich erledigen!

Der emotionale Zeitmanager

1 Eigentlich wissen Sie ja, wie Zeitmanage-
ment funktioniert. Aber im Zweifelsfall sind
Ihnen Menschen wichtiger als Ihr Kalender.
Dann werfen Sie einfach Ihre Pläne über den
Haufen. Besser wäre es, eine Balance zwischen
Ihren Gefühlen und Ihrer Ratio anzustreben:
Sie müssen nicht jeder Laune nachgeben!
Und wenn Sie Ihren Mitmenschen gelegentlich
Grenzen setzen, tut Ihnen das auch gut: Sie
haben mehr Zeit und weniger Stress.

2 Wenn Sie in einem gut eingespielten Team
arbeiten, ist Ihr innerer Schweinehund ganz
zahm. Nutzen Sie es aus: Planen Sie gemeinsam, setzen Sie Ihre Pläne gemeinsam um
und vereinbaren Sie gemeinsame Termine.
So haben Aufschieberitis und Schlendrian
keine Chance mehr!

3 Ihre Familie, Ihre Mitbewohner oder
Ihr engster Freundeskreis ist Ihnen das Wichtigste. Darüber vergessen Sie aber manchmal
sich selbst. Machen Sie deshalb Ihrem Schweinehund klar, dass Sie auch Zeit für sich brauchen. Denn nur, wenn Sie selbst in Balance
leben, können Sie auch die Gemeinschaft genießen und bereichern.

MEINE ROLLEN UND ZIELE

Kopieren Sie diese Vorlage oder drucken Sie sie kostenlos aus unter
www.uli-mein-schweinehund.de

Überlegen Sie einmal in Ruhe, welche Rollen Sie in Ihrem Leben spielen, und tragen Sie die sieben wichtigsten ein. Notieren Sie außerdem die wichtigsten Ziele, die Sie in der betreffenden Rolle verfolgen, und welche nächsten Schritte Sie unternehmen könnten, um das jeweilige Ziel zu erreichen.

1. ROLLE:	
Ziel 1	
Nächste Schritte	
Ziel 2	
Nächste Schritte	
Ziel 3	
Nächste Schritte	

2. ROLLE:	
Ziel 1	
Nächste Schritte	
Ziel 2	
Nächste Schritte	
Ziel 3	
Nächste Schritte	

3. ROLLE:	
Ziel 1	
Nächste Schritte	
Ziel 2	
Nächste Schritte	
Ziel 3	
Nächste Schritte	

Kopieren Sie diese Vorlage oder drucken Sie sie kostenlos aus unter **www.uli-mein-schweinehund.de**

4. ROLLE:

Ziel 1	
Nächste Schritte	
Ziel 2	
Nächste Schritte	
Ziel 3	
Nächste Schritte	

5. ROLLE:

Ziel 1	
Nächste Schritte	
Ziel 2	
Nächste Schritte	
Ziel 3	
Nächste Schritte	

6. ROLLE:

Ziel 1	
Nächste Schritte	
Ziel 2	
Nächste Schritte	
Ziel 3	
Nächste Schritte	

7. ROLLE:

Ziel 1	
Nächste Schritte	
Ziel 2	
Nächste Schritte	
Ziel 3	
Nächste Schritte	

MEINE PERSÖNLICHEN ZEITINSELN

Kopieren Sie diese Vorlage oder drucken Sie sie kostenlos aus unter www.uli-mein-schweinehund.de

MEINE MINUTEN-INSELN

MEINE STUNDEN-INSELN

MEINE WOCHENEND-INSELN

MEINE AUSZEIT-INSELN

Kopieren Sie diese Vorlage oder drucken Sie sie kostenlos aus unter **www.uli-mein-schweinehund.de**

LANGFRISTIGE PLANUNG

Lebensvision	Das möchte ich in meinem Leben erreichen:
	Diese Werte sind mir wichtig:
Periodenplanung	Das habe ich im vergangenen Lebensabschnitt/in den vergangenen 10 Jahren erreicht:
	Das möchte ich im kommenden Lebensabschnitt/in den kommenden 10 Jahren erreichen:
	Um meine Lebensbalance zu verbessern, möchte ich Folgendes tun:

Kopieren Sie diese Vorlage oder drucken Sie sie kostenlos aus unter www.uli-mein-schweinehund.de

MITTELFRISTIGE PLANUNG

Jahresplanung

Das habe ich im vergangenen Jahr erreicht:

Das möchte ich im kommenden Jahr erreichen:

Um meine Lebensbalance zu verbessern, möchte ich Folgendes tun:

Quartalsplanung

Das habe ich im vergangenen Quartal erreicht:

Das möchte ich im kommenden Quartal erreichen:

Um meine Lebensbalance zu verbessern, möchte ich Folgendes tun:

Kopieren Sie diese Vorlage oder drucken Sie sie kostenlos aus unter **www.uli-mein-schweinehund.de**

KURZFRISTIGE PLANUNG

Monatsplanung

Das habe ich im vergangenen Monat erreicht:

Das möchte ich im kommenden Monat erreichen:

Um meine Lebensbalance zu verbessern, möchte ich Folgendes tun:

Wochenplanung

Das habe ich in der vergangenen Woche erreicht:

Das möchte ich in der kommenden Woche erreichen:

Um meine Lebensbalance zu verbessern, möchte ich Folgendes tun:

Kopieren Sie diese Vorlage oder drucken Sie sie kostenlos aus unter **www.uli-mein-schweinehund.de**

TAGESPLANUNG

Das habe ich gestern erreicht:	
Das lief besonders gut:	
Hier habe ich Zeit verloren:	
Heute möchte ich Zeit gewinnen, indem ich ...	
Diese Punkte will ich heute erledigen:	
Für meine Lebensbalance sorge ich, indem ich heute ...	

Kopieren Sie diese Vorlage oder drucken Sie sie kostenlos aus unter **www.uli-mein-schweinehund.de**

Uhrzeit oder Arbeitseinheit	Tätigkeit	Was sagte der Schweinehund dazu? Was war seine positive Absicht?	Welche äußeren Störungen traten auf? Wie habe ich darauf reagiert?	Gedanken und Gefühle

Kopieren Sie diese Vorlage oder drucken Sie sie kostenlos aus unter **www.uli-mein-schweinehund.de**

ZEITFALLEN IM JOB

Wobei/womit verliere ich Zeit?	Wie viel Zeit verliere ich?	Was möchte ich dagegen tun?

ZEITFALLEN IM ALLTAG

Wobei/womit verliere ich Zeit?	Wie viel Zeit verliere ich?	Was möchte ich dagegen tun?

Bücher, die weiterhelfen

Berckhan, Barbara: *Einfach selbstsicher!* GRÄFE UND UNZER, München

Berckhan, Barbara: *Schluss mit der Anstrengung! Ein Reiseführer in die Mühelosigkeit,* Heyne, München

Covey, Stephen R.: *Die sieben Wege zur Effektivität. Ein Konzept zur Meisterung Ihres beruflichen und privaten Lebens,* Campus, Frankfurt

Csikszentmihalyi, Mihaly: *Flow: Das Geheimnis des Glücks,* Klett-Cotta, Stuttgart

Dannemeyer, Petra: *Konflikte lösen,* GRÄFE UND UNZER, München

Fournier, Cay von: *Lebensstrategie: Vom Zeitmanagement zur Strategie, das richtige Leben richtig zu leben,* Schmidt, Stockheim

Gordon, Thomas: *Familienkonferenz. Die Lösung von Konflikten zwischen Eltern und Kind,* Heyne, München

Guderian, Claudia: *Arbeitsblockaden erfolgreich überwinden. Schluss mit Aufschieben, Verzetteln, Verplanen!* Kösel, München

Härter, Gitte: *Mehr Disziplin, bitte!* GRÄFE UND UNZER, München

Herwig, Ute Elisabeth: *Zeit-Diät. Zeit managen und Stress abbauen ohne Jojo-Effekt. Das 4-Wochen-Programm fürs Büro,* GRÄFE UND UNZER, München

Hodgkinson, Tom: *Anleitung zum Müßiggang,* Heyne, München

Knoblauch, Jörg; Wöltje, Holger: *Zeitmanagement,* Haufe, Planegg bei München

Küstenmacher, Werner Tiki; Seiwert, Lothar J.: *Simplify your life. Einfacher und glücklicher leben,* Campus, Frankfurt

Müller-Wichmann, Christiane: *Zeitnot.* In: **Heitkötter, Martina; Schneider, Samuel (Hg.):** *Zeitpolitisches Glossar. Grundbegriffe, Felder, Instrumente, Strategien,* Deutsches Jugendinstitut, München

Münchhausen, Marco von: *Die vier Säulen der Lebensbalance. Ein Konzept zur Meisterung des beruflichen und privaten Alltags,* Ullstein, Berlin

Münchhausen, Marco von: *entrümpeln mit dem inneren Schweinehund,* GRÄFE UND UNZER, München

Münchhausen, Marco von: *So zähmen Sie Ihren inneren Schweinehund. Vom ärgsten Feind zum besten Freund,* Campus, Frankfurt

Münchhausen, Marco von; Despeghel, Michael: *abnehmen mit dem inneren Schweinehund,* GRÄFE UND UNZER, München

Münchhausen, Marco von; Spitzbart, Michael:
fit mit dem inneren Schweinehund,
GRÄFE UND UNZER, München

Nussbaum, Cordula: *300 Tipps für mehr Zeit,* GRÄFE UND UNZER, München

Nussbaum, Cordula: *Familien-Alltag sicher im Griff. So meistern Sie das tägliche Chaos gelassen und souverän,* GRÄFE UND UNZER, München

Öttl, Christine; Härter, Gitte:
Weg mit dem Stress,
GRÄFE UND UNZER, München

Preuss-Scheuerle, Birgit:
Entscheide und … gewinne!
GRÄFE UND UNZER, München

Rückert, Hans-Werner: *Schluss mit dem ewigen Aufschieben. Wie Sie umsetzen, was Sie sich vornehmen,* Campus, Frankfurt

Seiwert, Lothar J.: *Wenn Du es eilig hast, gehe langsam. Mehr Zeit in einer beschleunigten Welt,* Campus, Frankfurt

Seneca: *Vom glückseligen Leben. Auswahl aus seinen Schriften,* Kröner, Stuttgart

Struck, Peter: Beitrag *Langeweile ist wichtig für Kinder* unter *www.familienhandbuch.de*

Szolnoki, Esther; Pohlmann, Nina:
tu's doch! GRÄFE UND UNZER, München

Register

Mehr Glück & Erfolg

Der innere Schweinehund hilft, Ihren Alltag zu ordnen

Wichtiger Hinweis

Die Beiträge in diesem Buch sind sorgfältig recherchiert und entsprechen dem aktuellen Stand. Abweichungen, beispielsweise durch seit Drucklegung geänderte WWW-Adressen etc., sind nicht auszuschließen. Weder die Autoren noch der Verlag können für eventuelle Nachteile oder Schäden, die aus den im Buch gegebenen praktischen Hinweisen resultieren, eine Haftung übernehmen.

© 2008 GRÄFE UND UNZER VERLAG GmbH, München. Alle Rechte vorbehalten. Nachdruck, auch auszugsweise, sowie Verbreitung durch Bild, Funk, Fernsehen und Internet, durch fotomechanische Wiedergabe, Tonträger und Datenverarbeitungssysteme jeder Art nur mit schriftlicher Genehmigung des Verlages.

Programmleitung:
Christof Klocker

Leitende Redaktion:
Anita Zellner

Redaktion: Esther Szolnoki, Petra Brumshagen

Bildredaktion:
Daniela Laußer (Fotos), Esther Szolnoki (Illustrationen)

Lektorat: Andrea Stöcklein

Fotos: Getty Images: S. 44 (Iconica/Gazimal), S. 68 (Stock4B), Mauritius Images: Getty-Images: S. 6 (Workbookstock), S. 110 (Nora Frei), Autorenfoto Ingo P. Püschel: Andreas Hasak

Illustrationen inklusive Titelillustration: Michael Wirth

Umschlag und Gestaltung: independent Medien-Design

Herstellung: Elisabeth Märtz

Satz: Knipping Werbung GmbH, Berg/Starnberg

Repro: Longo AG, Bozen

Druck und Bindung:
Printer, Trento

Umwelthinweis
Dieses Buch wurde auf chlorfrei gebleichtem Papier gedruckt. Um Rohstoffe zu sparen, haben wir auf Folienverpackung verzichtet.

ISBN 978-3-8338-0873-9
1. Auflage 2008

GRÄFE
UND
UNZER

Ein Unternehmen der
GANSKE VERLAGSGRUPPE